国家出版基金项目
NATIONAL PUBLICATION FOUNDATION

时代楷模

系列丛书

# 大山女孩的希望之光

# 张桂梅的故事

海飞 主编　　董恒波 著

海豚出版社
DOLPHIN BOOKS

CICG　中国国际传播集团

## 图书在版编目（CIP）数据

大山女孩的希望之光：张桂梅的故事 / 董恒波著. -- 北京：
海豚出版社, 2021.9（2024.7重印）
（"时代楷模"系列丛书）
ISBN 978-7-5110-5754-9

Ⅰ.①大… Ⅱ.①董… Ⅲ.①张桂梅 - 先进事迹 - 青少年读物
Ⅳ.①K825.46-49

中国版本图书馆CIP数据核字（2021）第169443号

**大山女孩的希望之光——张桂梅的故事**

海 飞 主编　　董恒波 著

出 版 人：王　磊

责任编辑：郭　澍　慕君黎
插画绘制：金寒冰
美术编辑：吴光前　李　利
责任印制：于浩杰　蔡　丽
法律顾问：殷斌律师

出　　　版：海豚出版社
地　　　址：北京市西城区百万庄大街24号　　邮　编：100037
电　　　话：010-68325006（销售）　010-68996147（总编室）
传　　　真：010-68996147
印　　　刷：涿州市荣升新创印刷有限公司
经　　　销：全国新华书店及各大网络书店
开　　　本：32开（889毫米×1194毫米）
印　　　张：5
字　　　数：70千
版　　　次：2021年9月第1版　2024年7月第11次印刷
标准书号：ISBN 978-7-5110-5754-9
定　　　价：19.80元

## 出版说明

# 英雄照亮时代 楷模就在身边

每个时代都有每个时代的英雄。

在炮火纷飞的战争年代，一批又一批的英雄为了中华民族的崛起而抛头颅、洒热血，他们的身上体现了中华民族优良的民族精神和崇高的民族气节。赵一曼、刘胡兰、董存瑞、黄继光、邱少云……这一个个闪光的名字和他们的英勇事迹家喻户晓，值得我们永远铭记。

如今，在我们身边，依然有无数的英雄，他们就是在各自的岗位上无私奉献的"时代楷模"。

"时代楷模"是由中宣部集中组织宣传的全国重大先进典型，他们的情操高尚伟岸，事迹厚重感人，影响广泛深远，充分体现了新时代"爱国、敬业、诚信、友善"的价值准则与中华传统美德。他们就像天上的星星，照亮天空，照亮我们这个时代。同时，他们也是普通人，在平凡的岗位上默默坚守，做出了伟大贡献。

为了更好地向中小学生讲述"时代楷模"的感人事迹，激发学生的民族自信心和自豪感，海豚出版社特此出版"时代楷模"系列丛书。丛书每册选取一位"时代楷模"（或"时代楷模"集体），并邀请国内知名儿童文学作家对其事迹进行文学加工，精心设计故事情节，生动刻画人物形象，以提高中小学生读者的阅读体验。

人生如扣扣子，第一个扣子扣错了，后边的扣子就会跟着错。万事开头难，难就难在要选择好正确的第一步——你想扣怎样的人生扣子，你想实现怎样的人生价值。只有第一步选对了，只有第一个扣子扣对了，你才能走好自己的人生路。

我们希望通过这套丛书，让中小学生走近这些当代英雄，了解他们的先进事迹，树立正确的价值观和远大的人生志向，"扣好人生第一粒扣子"。

海豚出版社

2019年12月

# 目 录

# 写在前面的话

亲爱的小读者朋友，当我以激动的心情向你讲述这个同样会感动你的故事时，我的心里是有一些犹豫的：应该用什么称呼来介绍我们书里的这位主人公呢？

她是被中宣部表彰的"时代楷模"，是一位教语文课和政治课的一级教师，是中国第一所免费女子高中的校长，是一家儿童福利院的院长，是54个孤儿的"妈妈"……

她是全国优秀共产党员、全国劳动模范、全国优秀教师、全国道德模范，她还是一位优秀的"母亲"、优秀的校长。

这样的标签在她身上还有很多，比如，她是党的十七大代表，是全国三八红旗手标兵，是全国教书育人楷模，是全国脱贫攻坚楷模……

当然，她的身上，还有一些被人或者是误解，或者是善意地赋予的绰号："疯子""傻子""精神病"……

好了，我们的故事，不用以校长、奶奶、老师来称呼她，就直截了当地称呼她的名字——张桂梅吧。

下面这一段，是央视《感动中国》2020年度人物张桂梅的颁奖辞：

> 烂漫的山花中，我们发现你。自然击你以风雪，你报之以歌唱。命运置你于危崖，你馈人间以芬芳。不惧碾作尘，无意苦争春，以怒放的生命，向世界表达倔强。你是崖畔的桂，雪中的梅。

张桂梅的故事充满了传奇，也充满了苦难、励志、奋斗和不屈。是的，她的身体多病却意志如钢，命运坎坷却昂扬向上。

这时你可能会问，怎么用了这么多形容词啊？

不是吗？张桂梅少年丧母，青年丧父，中年丧夫，一生无儿无女，把自己"嫁"给了贫困山区，在深山沟里，硬是用生命之火点燃山村孩子的梦想，书写了把1804名贫困女孩送进了大学的"教育奇迹"。

请你静下心来，和我一起走近张桂梅的心路历程，去感受一个"时代楷模"那平凡又伟大的心灵。

# 01

# 东北来的小姑娘

　　张桂梅创造的人生辉煌，是在祖国的西南，在云南省西北部丽江市一个叫华坪县的地方。

　　张桂梅生命的起点，却并不在云南，而是在黑龙江。

　　打开中国地图，你会看到，黑龙江在祖国的东北，和大西南的云南斜跨几千里，成一条对角线。

　　1957年6月，张桂梅出生在黑龙江省牡丹江市的一个农民家庭。她排行老五，上面有哥哥和姐姐。张桂梅出生的时候，她的母亲已年近五旬，身体多病。张桂梅还在少年的时候，母亲就因病离开了人世。母亲的病故，给张桂梅沉重的打击。每当想起母亲被疾病折磨的往事，张桂梅的心里总是像滴血一样。失去母爱的张桂梅，和哥哥姐姐生活在一起，他们有的已经成家了。虽然亲人们对她关爱有加，但张桂梅的心里多少有一些寄人篱下的感觉，她渴望有一个属于自己的家，有一片让她自由飞翔的天空。

张桂梅的童年，是在东北高高的桦树林里度过的。林海雪原，冰天雪地，滴水成冰的寒冷，造就了张桂梅倔强、豪爽的性格。坚毅、顽强、乐观、向上的品质从小就融入了她的血液。在广袤的东北黑土地上，张桂梅像一只快乐的小鹿奔跑着。

小时候，她喜欢唱歌跳舞，她参加了学校的文艺宣传队，在公社的土台子上蹦蹦跳跳。她爱美，当夏天的田野上开满了野花，她常常掐下几枝插在自己的头上，对着河水悄悄地欣赏着。

直到今天，在黑龙江那片土地上，认识和熟悉张桂梅的人都还清楚地记得，少年时代的张桂梅有着外向开朗的性格。人们甚至用"不安生"这样的词来形容她的少女时代。是的，排行老五的她，跟着哥哥姐姐长大，几乎没有严厉的管束，人送外号"五猴子"，意思是总是上蹿下跳。她爱动爱跳的特长，后来在文工团得到了发挥——当舞蹈演员，真的是太合适了。

少年时代的张桂梅，并不像今天"时代楷模"的形象那般崇高、严肃，她有时竟然会像男孩子一样调皮捣蛋，会哄骗邻居家的小女孩，把人家的长发剪掉。她疾恶如仇，敢爱敢恨，路见不平，拔刀相助。那时候，有一个干部家的孩子欺负小朋友，没人敢管，张桂梅就当了一回"英雄"。论力气她当然不是人家的对手，聪明的张桂梅想了个计策，她恶作剧地抓了个毛毛虫去吓唬那个"熊孩子"。没想到，在关键时刻，被老师发现了。老师为了终止一场"大战"，机警地伸出巴掌，猛地拍死了毛毛虫。毛毛虫没有给"熊孩子"带来震慑，却让老师的手肿了起来。于是张桂梅挨了一顿骂，拼命地往外跑，在野外遇到了狼，最后还是被老乡救下来送回了家。

在张桂梅的童年记忆里，有一个女共产党员的形象深深地刻在她的脑海中。那是在她读小学的时候，是开春的季节，一场突如其来的大北风把张桂梅家的土坯房刮倒了。看着那暴露在阳光下的土炕，还有被风吹得东倒西歪的家具，张桂梅一家人不知所措，连一家之主——她的父亲，也无奈地搓着双手，一脸茫然。

就在这个时候，公社派来了救援队，领队的是一个年轻的、很有魄力的女干部，她指挥着村民们，把倒塌的土块碾碎，用茅草打成土坯，整个施工过程有条不紊、干净利落。那个女干部一边领着大家干活，一边安慰着张家人："这点困难算什么？今天你们先在外面将就一宿，明天就让你们回到新房子来。"

"这个阿姨是谁呀？她怎么这么有本事呀？"那是张桂梅有生以来，第一次以崇拜偶像的目光看着一个陌生却无比亲切的人。

那个女干部亲切地拍了拍张桂梅的头，很轻松地说了一句话，这句话让张桂梅终生难忘。

"小姑娘，我们几个都是党员，知道党员吗？就是共产党员，是给老百姓办事情的，不管哪儿出现了困难和危险，党员都会冲上去！"

后来，张桂梅问父亲："你是党员吗？"

"爸爸还不够格。"

"我长大也要当党员，给老百姓办事情，哪儿有困难就往哪儿冲！"

说起童年的故事，人们都会用开心的笑来回味那个纯真的年代。张桂梅也会爽朗地笑着："小时候在东北那旮的高兴事儿，一辈子也难忘啊！"

一直到现在，在云南生活了近半个世纪的张桂梅，一开口说话，还是一口浓重的东北"大碴子"味儿，果敢中夹杂着些许粗犷。

张桂梅命运的第一次改变，始于1974年。

那一天，张桂梅的三姐带回来一个惊喜：她被批准到祖国的大西南——云南省去支边了。"支边"在当时是一个"热词"，就是有志青年响应党和国家的号召，去支援边疆建设。

张桂梅听说了这个消息，也坐不住了："我也要去云南，我也要支边！"

"你还是个孩子，支什么边呀？"

"是呀，你知道云南多远吗？坐火车都得十天半个月呢！"

家里人当然都反对，更多人只是一笑了之："她就是说说吧，怎么能真的去云南呢？"

可是张桂梅真的是较真儿了，她找了张中国地图，趴在上面看，看完了，就开始准备行装，一副九头牛拉也不回头的倔劲儿。

"你真打算去云南？"

"说去就去，我和姐姐一起去，你们担心什么？"

"可是你才十七岁呀！"

这一年张桂梅十七岁了。十七岁，正是追梦的花季。那时候，最流行的京剧《红灯记》里有一段李铁梅的唱段，家喻户晓，几乎人人会唱："年龄十七不算小，为什么不能帮助爹爹操点心？好比说爹爹挑担有千斤重，铁梅你应该挑上八百斤。"

　　张桂梅就是唱着"年龄十七不算小"的戏词，踏上了驶向云南的列车。

　　那时候，她绝对不会想到，自己的一生将要与云南这片土地紧紧地连在一起。她的命运、她的青春、她的梦想，从东北的牡丹江到西南的丽江，开始生根、发芽、开花、结果，进而香飘全国、誉满华夏。

# 02

# 一个幸福的家

十七岁跟着三姐从东北来到云南的张桂梅，进入了完全陌生却充满激情的新生活。

那真的是一段激情燃烧的岁月。

张桂梅和三姐的工作地，是中甸县的林业局。林业局的主要工作就是种植、保护树木。云南的森林植被非常好，张桂梅像一只快乐的小鸟在林子里穿梭着。

中甸林业局有着完善庞大的机构和功能，张桂梅很快就找到自己施展才能的平台。她先后在林场、党校任团支部书记、政治教员，又到局机关当文书、团支部书记、妇女主任。局里有一个广播站，那些挂在树上、墙上的高音喇叭，每天都在传递着来自北京的声音，也报道着当地生产和生活的情况。广播站的喇叭覆盖到林业局的各个角落。

一天，张桂梅听着播音员那普通话不太标准又不大会控制气息的播音，忽然有个想法跃上心头。张桂梅的普通话说得好，起码要比她听到的这个播音员说得标准，于是，她暗暗地握了握拳头，敲开了林业局领导的办公室："我可以当播音员吗？""你会播音吗？""我觉得我行呢！""哦，咱们先试试。"一试，果然声音不错——张桂梅上岗了。

她以播音员的身份，让自己清脆的嗓音，响彻二十世纪中叶中甸林业局的上空。

林业局还有一个半专业半业余的文艺宣传队，经常排演一些小节目，去各个基层单位演出。

唱歌、跳舞，这都是张桂梅的长项，小学时她在黑龙江那片黑土地上积累的才艺，在林业局文艺宣传的舞台上又得以施展。

播音、演节目……张桂梅的生活过得充实而富有朝气。

时间很快就进入了八十年代，已经二十多岁的张桂梅很自然地到了谈婚论嫁的阶段。

这时候，有人给她介绍了一个对象。

去见一个陌生的男子，而且是相亲，张桂梅还是觉得有些不好意思的。

"他是做什么工作的？"张桂梅小声问。

介绍人说："在学校，教书。"

"教书？"

"是的，是个文化人，有知识，有学问！"

听说是在学校工作，张桂梅的眼睛一亮，也许是命运注定，她对学校有着一种特别的敏感。

"人家不仅会教书，还是领导呢，是中甸林业局子弟学校的校长，想不想见一面？"

张桂梅有些羞涩，但是非常果断地点了一下头。

两个从来不认识的青年男女，就这样走到了一起。没有任何传奇的故事，就是觉得情投意合，可以将自己的终身托付给对方。

世界上很多事情就是这样。有缘千里相会，一切顺其自然。

这种感觉，小读者们也许体会不到，只有当你老了，回顾自己的一生时，你才会真切地发现：一个人什么时候去读书、什么时候开始自己的第一份职业、什么时候选定对象并与之结婚，上面说的这几件事情，其实都可能让自己的命运发生巨变。只是当时，你站在人生选择的岔路口，还以为只是生命中普通的一天呢。

很快，张桂梅有了一个家。

她和子弟学校的校长结婚了。她的爱有了归宿，家是她温馨的港湾。张桂梅不再当播音员了，也不去演节目了，她开始努力学习文化知识。在丈夫的精心辅导下，她在学习上有了飞速的进步。她申请去做一名教师，为了心爱的丈夫，也是为了自己。

这时候，他们都换了工作，不在林业局了，而是来到了丈夫的老家大理喜洲。

大理是一座美丽的城市。这里有著名的洱海，古称昆明池，是仅次于滇池的云南第二大湖。张桂梅和丈夫手挽着手，漫步在洱海湖畔。丈夫指着波光粼粼的湖面上四处飞翔的小鸟，讲述着洱海美丽的传说。

丈夫在喜洲一中任教。夫唱妇随，他们度过了一段最美好的时光。

在张桂梅的回忆里，丈夫真的是一个多才多艺的帅哥。

他除了课讲得好，还会很多别人不会的技艺，比如制作家具、修理家具。好多人家的家具有问题了，都来找张桂梅的丈夫。只要他一到场，左看看，右瞧瞧，撸起衣袖，不一会儿，问题就全部解决了。

丈夫的课讲得也好，那些枯燥的数学题，有些学生摸不着头脑，学得直迷糊。家长着急，便带着孩子来找他补习一下。丈夫不急不慌，手到"病"除，几句话就切中要害，让那些在数学的迷魂阵里转圈的孩子们，瞬间找到闪着光亮的出口。

丈夫做了这么多"兼职"，却从来不收取人家的费用。

当过校长的丈夫从心里爱着张桂梅——这位漂亮而又能干的东北姑娘。他们互相关怀，互相帮助，如双飞的比翼鸟，翱翔在爱的天空。

张桂梅喜欢吃杨梅罐头，丈夫下班回来，总是会开玩笑地对她说："把眼睛闭上，猜猜我给你带了什么好东西。"两个人你一口我一口吃着杨梅罐头的情景，是张桂梅一生中最美好的回忆。

谁也没有想到，这样一个幸福美满的家庭，竟然会被命运捉弄。

1993年12月，张桂梅的丈夫被查出胃癌晚期。

对张桂梅来说，这无疑是一个晴天霹雳，她有一种泰山压顶的沉重感，丈夫怎么能得胃癌呢？怎么可能呢？那一刻，张桂梅真的感觉天都要塌了！

像一幅美丽的水彩画被泼了一盆墨，张桂梅眼前的所有景象，都变成灰蒙蒙的一片：云南的山变灰了，水变灰了……她感觉自己有些喘不上气了："我们的生活这才刚刚开始呀，我们还打算要生一个孩子呢，命运怎么会这样难为我们呢！"

一定要挽留住丈夫的生命，不惜一切代价。

张桂梅做出这样的决定后，义无反顾地朝前走着。要挽救一个癌症晚期的病人，谈何容易，首先是费用，而且绝不是小数目。家里的积蓄花光了，张桂梅就变卖家产，把房子卖掉，然后再把家里所有能卖的东西也全部卖了。

这样，她总共筹了二十多万。

很快，这二十多万元都花光了，再没有可以卖的东西了，她开始到处跟亲戚和朋友们借钱。后来，连丈夫的家人都劝她别治了："这种病根本治不好，最后的结果，就是人财两空。他走了，你还要生活呢，你欠了一屁股债，可怎么还呀！"

张桂梅不听，还在四处筹钱。

丈夫心疼妻子，多次坚决表示要放弃治疗。

张桂梅搂着丈夫的脖子说："我们能活一天算

一天，就等于你多陪我一天就行。不管多贵的治疗方案，我都要试试，不试我心里不安，会一辈子不安的。"

# 03

# 华坪县接收了她

1995年2月，丈夫还是走了。

张桂梅万念俱灰，痛不欲生，甚至有一种去撞路上行驶的汽车一死了之的冲动。同事、好友、邻居们都纷纷来劝解，帮她走出失去至亲的心理阴影。

这很难做到。

看到张桂梅每天像丢了魂似的，六神无主，一副呆呆的样子，大家很心疼，也很理解。张桂梅是一个太重感情的人，丈夫是她所有的精神寄托与依靠，而现在，与亲人阴阳两隔，张桂梅每天只要睁开眼睛，目之所及，从屋子里的摆设，到室外的环境，全都是丈夫的影子。大家觉得应该想一个有效的办法，让她尽早摆脱痛苦的煎熬，开始新的生活。

有人提了一个建议，让她换一个地方，换一个工作，一切重新开始。

张桂梅接受了这个建议，申请了调动。毕竟她才38岁，今后的人生道路还很长。在大理的岁月结束了，她要开启新的人生。

填了一张又一张调动工作的表格，终于，她来到了华坪县。

华坪县，隶属于云南省丽江市，是一个很小的县城。那时候的张桂梅没有想到，此去华坪，她的生命竟然像血液一样融入了这块土地，她的梦想、她的追求、她的汗水、她的奋斗，都将在华坪绚丽绽放，辉映华宇。

在地图上我们可以看到，华坪县位于云南省西北部的金沙江中段北岸，东接四川省攀枝花市，南望滇中腹地楚雄，西通丽江。华坪县地势西北高、东南低，县城海拔1150米，属于典型的南亚热带低热河谷气候。

这个县城地理面积不小，但全县的人口不到20万。华坪县因为偏远落后，属于贫困地区。

张桂梅到华坪来了，她最初踏上这块土地的动机，更接近于一种放逐和逃避。

她先是在县里的中心中学当老师，一年后，她申请调动到新建的民族中学任教。

　　和孩子们在一起，她渐渐忘掉了悲伤和忧虑，生活的激情也逐渐在她的心底苏醒了。

　　这一切，都是因为她和孩子们在一起。

　　她没有当过母亲，但是她有母亲的情怀，当她看到那一个个学生的时候，一股源于心底的爱便油然而生，像一股热流在她的全身涌动。爱的力量，甚至无法用语言来形容，在失去了丈夫之后，她在孩子们身上找到了生命的归宿，开始释放着自己全部的爱。

　　爱，并不是暴风骤雨那样轰轰烈烈，而是像悄悄的春雨，润物无声。

　　冬天的华坪县也是很寒冷的，一个男孩子来上学，竟然穿着一双塑料凉鞋。看着孩子冻得通红的小脚，张桂梅上前轻轻地问了一句。男孩子有点羞涩地低下头，悄声地说："我没有棉鞋，家里没有钱买。"张桂梅顿时觉得自己的眼睛湿润起来，她什么也没有说，把孩子的脚握在自己手里，用自己的体温焐着。然后，她又从口袋里掏出十元钱："自己去商店选一双鞋吧。"

　　张桂梅到学生宿舍，看到有同学不去吃晚饭，那

华坪县接收了她

很便宜的一顿晚饭他们也没有钱去吃。学生抓一把从家里带来的米，提前几小时放在暖水瓶里，倒上开水，饭就是这样被煮熟的。

这样的场景，一幕又一幕映入了张桂梅的眼帘，更深深地拨动着她的心弦。

"在这云南的大山里，还有太多这样穷苦人家的孩子，我要帮助他们改变自己的命运，让他们过上好日子，过上能穿得上鞋、能吃饱肚子的日子；如果可能，我还要帮他们走出大山，是呀，我一个人的力量可能很小，但是从现在就开始奋斗，我要尽自己所能，来帮助这些孩子们，能帮一个是一个，能帮多少是多少。"张桂梅在心里暗暗下了决心。

有一个情节，张桂梅终生难忘，每次想起来，便觉得鼻子酸酸的。那是开学日，一个父亲带着女儿，走了五六个小时，来学校交学费。他们交学费的钱，是卖桃子的收入。在县城的一个路口，父亲蹲了好几天，风吹日晒，终于卖了几筐桃子。"卖桃子的钱，我们舍不得吃一顿饭，得供孩子上学呀，不上学，孩子怎么会有出息呢。"父亲笑着说，把一大包钱塞给了张桂梅，还很朴实地补了一句，"就这些了啊，不够的话，我再卖点别的东西，一有钱了马上给你送来！"

张桂梅喊了几个学生一起数钱，都是一分、五分、两毛的纸币，加上零星的几个硬币，总共不到50块钱。

张桂梅握着那位学生家长的手说："够了，够了，你不用再送钱来了！"说着，张桂梅从那摞钱中抽出五元钱，"赶紧带着女儿去吃顿饭吧！"望着父女俩远去的身影，张桂梅从自己的口袋里掏出十几元钱，塞在那堆零钱里，交了学费。

张桂梅的个人能力是很有限的，但她已经把全部的力量都使出来了。为了让那几个经常吃热水瓶泡米的孩子享受一下"大餐"的味道，她把几个孩子带到一个饭店——当然不可能是大饭店。张桂梅慷慨地对学生们说："你们几个今天敞开肚子吃，老师请你们！"孩子们的眼里流出了泪水，那是他们从小到大第一次下饭店吃饭哪！学生们是懂事的，他们点的"大餐"是土豆丝，是拌豆腐、炒花生米。他们知道张老师挣钱也并不多，她自己也经常是吃一顿，糊弄一顿。

有一个学生冬天没有棉衣。看着孩子冷得瑟瑟发抖的样子，张桂梅心疼极了，她回到自己的宿舍去翻

衣服。她的衣服很少。

那一刻，张桂梅的眼睛突然盯在一件毛背心上。

这件毛背心，是丈夫的遗物。从大理来到华坪时，张桂梅把家里几乎所有的东西都扔掉了，唯独带了这件毛背心。每当她抚摸着这件毛背心，仿佛就是触摸到了丈夫的肌肤，那上面有着丈夫的体温，更有着他们情感交织的回忆。

张桂梅把这件毛背心送给了那个孩子："穿上吧，穿上就不冷了！"

# 04

# 疾病重创

法国著名作家巴尔扎克说过这样一句话：苦难是人生的老师。

经历过儿时丧母、中年丧夫之痛的张桂梅，在华坪与孩子们相处的生活中，正在一步步走出困境，步入人生的坦途，但她没有想到，人生中的又一个重大灾难降临在自己的身上。

失去亲人的打击，对张桂梅来说，都是来自外部，虽如此强烈，但她都挺过来了；而这次的不幸源于自身，它的威力足以将一个人从精神到肉体彻底摧垮。

这是1997年的4月，张桂梅查出来肚子里长了一个肿瘤。

她从医生那里了解到，自己体内这个神秘的怪物，已经像五个月的胎儿那么大，需要立即住院治疗。五个月的胎儿，张桂梅多想和自己的丈夫有一个属于自己的孩子呀，但天公不作美，给了她一个像胎儿一样的瘤子。

　　医生告诉她："给你开了诊断书了，你可以和单位请假。这是需要住院手术的，不能再拖了。"然后医生又嘱咐了休息和饮食等注意事项。

　　从医院到学校的路并不长，平时，她走这条路只需要10分钟，可是那天，竟然走了足足40分钟。

　　40分钟，漫长得仿佛一个世纪。她形影相吊，思考着自己的人生。"我才40岁呀，还要做好多的事情呢！老天呀，你怎么如此不公！"

　　她终于回到宿舍，把门反锁着，自己趴在床上，捂着被子哭了一会儿；哭累了，又站一会儿，望着窗外的星斗。

　　1997年4月，在张桂梅被检查出肚子里长了肿瘤的那个季节，整个中华大地都在期待着百年来的一件大事——香港回归。是啊，无论是在北京的天安门广场，还是在偏僻的山野村落，到处都在唱着迎接香港回归的歌曲。

一个民族，一个群体，都离不开心中的期待，那是人们对美好未来的一种情感的寄托。我们的伟大祖国，正是有了中国共产党的坚强领导，才能在一个新世纪即将到来的时刻，让香港、澳门这两个离家多年的游子回到祖国的怀抱。张桂梅曾经多少次在课堂上和学生们一起唱着歌，分享着祖国强大的喜悦，展望着充满希望的明天。

　　而张桂梅自己的明天却被这样一片遮天蔽日的乌云笼罩着。

　　想到自己的学生，张桂梅眼前又出现了那一张张熟悉而可爱的面庞。那时候，她正带着一个毕业班。带初三毕业班是一件非常劳累而辛苦的事情。初三年级的中考，将在香港回归的日子到来，如果这个时候自己临阵逃脱了，虽然也能说出让任何人都理解的理由来，但张桂梅思前想后，还是感觉不妥。

　　一夜无眠，经过激烈的思想斗争，张桂梅做出了这样一个决定：她偷偷地把检验结果藏起来，她要继续回到校园，把自己带的毕业班送进中考考场。

　　张桂梅是以怎样的意志力拖着病体重新站在三尺讲台上的啊！

　　有细心的同事观察到张桂梅的变化，关切地

问："桂梅，你的脸色有些不好，身体怎么变得消瘦了？""哦，这几天没有睡好觉，过些日子就好了。"她搪塞过去了。

班里有的同学也发现他们的老师脸上少了常有的光泽："张老师，您是不是太替我们操心了，看您的眼圈都有些发黑呢。""我怎么不替你们操心？你们要是这次中考都能考出好成绩来，我立刻红光满面，青春绽放！"张桂梅开着玩笑，又把学生们引向紧张的学习气氛当中。

1997年7月，美丽的"东方之珠"香港，在世界的瞩目下回到了祖国的怀抱。也是在这个7月，华坪县民族中学初三年级四个班的学生，在张桂梅殷切目光的护送下，走进了中考考场。

张桂梅这才走进了医院的手术室。

手术是成功的。她卸掉那个埋藏在身体里的好几斤重的瘤子。虽然很疲惫，但她有一种轻松的感觉。手术后，医生反复叮嘱她："你回去后，一定要静养6个月以上，不能劳累。"

可仅仅过去了24天，张桂梅又站在了她热爱的讲台上，出现在同学们面前。

自从丈夫去世后，张桂梅没有再组建家庭，尽管曾有多位好心人来给她牵线搭桥，但张桂梅似乎很难再一次找到当年与丈夫相识、相知、相爱的那种激情了。婚姻往往就是一种机缘，是命运所使，可遇而不可求。

1997年的张桂梅动了一次大手术，可以说，她是从鬼门关里逃了出来。

那一年，张桂梅正好40岁。孔子曰："三十而立，四十而不惑。"张桂梅恰好在"不惑"的年龄，她悟到了什么人生真谛呢？

她的所有人生感悟，都源于自己的经历，这些经历，旁人是无法体验到的。比如说"死亡"，这个词在小读者的阅读视野里，是一个灰色、幽暗的字眼。写作者和编书的人，都会尽量在文章中避开这个词，可是我们书中的主人公张桂梅怎么能避开它呢。她在这个世界上最亲的人——母亲、父亲、丈夫，一个个鲜活的生命，都是因为疾病离她而去。这是永别，这种别离会像刀子一样刺痛她的灵魂，让她的心都在滴血。

在生活这部真实的教科书中，张桂梅感悟到：死亡是一件谁也无法回避和逃脱的残酷现实。她悄悄地擦干眼角的泪水，从对亡者的哀悼中，她更认识到生命是宝贵的，一个人一生只有一次。

在一个人有限的生命里，应该做一些有意义、有价值的事情。一个人应该有自己的理想，不，应该有一个梦想。为了这个梦想，就要舍弃一些东西。

为了这个梦想而奋斗，这样的人生就是快乐的，就是充实的，就是幸福的。

苦难这所学校，教张桂梅重新审视着自己的人生。

疾病没有把她打倒，她昂首挺胸，顽强地站了起来。在华坪的日子里，每当她遇到重大的困难，都会想起小时候，在黑龙江老家的土坯房被大风刮倒后，前来救助的那个女共产党员。"我也要做那样的共产党员。"她还会想起自己最喜欢唱的歌剧《江姐》，里面的歌词，她已经深深刻在脑海中了。

红岩上红梅开

千里冰霜脚下踩

三九严寒何所惧

一片丹心向阳开

"我张桂梅的梅，就是'红岩上红梅开'的那朵红梅！不怕冰霜严寒，昂首怒放花万朵，香飘云天外。我也要像共产党员江姐那样，唤醒百花齐开放，高歌欢庆新春来！"张桂梅唱起这首歌的时候，她的眼睛闪烁着光芒。那光芒可以穿透云层，照亮人生。

1997年8月，张桂梅终生难忘——她终于如愿成为一名共产党员了。

她站在党旗下庄严宣誓：

"我志愿加入中国共产党……对党忠诚，积极工作，为共产主义奋斗终身，随时准备为党和人民牺牲一切……"

# 05

# 儿童之家的院长

张桂梅没有亲生儿女，她把全副身心都投入到教育和慈善事业中去了。这是一条光明的道路，然而又充满了艰辛和坎坷。

2001年，张桂梅一边在民族中学当老师，一边兼任儿童之家的院长。儿童之家，是华坪县一个公益性的福利院，收养的都是县里的孤儿。自己没有子女的张桂梅，当上这个院长后便成了众多孤儿的"妈妈"。建院第一天，儿童之家就收了36个孩子，最小的仅有2岁，最大的也才12岁。

华坪县的经济状况并不好，给予儿童之家的资助相当有限。你想一想，这么多的孩子要吃、要穿、要学习，他们都是未成年人，没有社会的资助，离开了大人的呵护，他们怎么生活呀？

像张桂梅这样的人，在当今社会上应该说是极少的。按理说，她有自己的工资，又没有子女，完全可以把自己的生活安排得丰富多彩，有滋有味。可是她偏偏给自己找了这么一个院长的兼职，这样一个又受累、又担责任、又不讨好的工作。那么，张桂梅做这件事的动机是什么呢？后来，张桂梅成为全国瞩目的优秀共产党员、成为受社会关注和敬仰的"时代楷模"后，各大媒体发表了很多文章，除了表达敬意，也在分析着张桂梅的行为动机，有文章分析得十分到位：这一切行为，都出于张桂梅的爱，是爱给了她力量的源泉，是爱让她用生命来点燃孩子们的希望。

我们也可以简单地把爱说成是所有动物的一种本能，比如，遇到危险时，老母鸡会张开翅膀护着鸡雏，毫不怯懦；还有那些母羊、母牛……当敌人来侵犯时，它们宁肯牺牲自己的性命，也不让自己的孩子受到伤害。

而张桂梅的爱心早已得到了崇高和理性的升华，她思考的是祖国的明天，是民族的未来，是尽自己所能，让华坪县的孩子们都能像花儿一样绽放，像小鸟一样快乐地飞翔。

进入21世纪，儿童之家面临的最大困难，还是资金短缺。儿童之家处处都要花钱，张桂梅真切地感受到了捉襟见肘的窘迫。

怎么办呀？难道就这么在这儿等着？天上不会掉馅饼，更不会掉下钱来的。和几个同事一商量，张桂梅认为只有一条路可以走了：到各单位"化缘"，筹措资金。

化缘，本是佛教用语，是指僧人以募化乞食广结善缘之意，故称化缘。这是好听的说法，其实就是一种乞讨，多少有些像武侠小说里写的丐帮的行为，张桂梅就像帮主。

张桂梅为了教育和慈善事业甘当丐帮帮主的故事，感人至深，"帮主"的称号，就是从那时开始的。

她给自己定的目标并不高，多少钱都可以，先去探探路。

在做自己并不熟悉的事情时，我们时常会害怕做不好还被人嘲笑，其实我们不必太关注他人的目光，与其畏首畏尾，不如大胆向前，先给自己定一个小目标，每实现一步就会离最终的目标更近一步。

张桂梅先是给自己吃了一个这样的"宽心丸"，然后就上路了。

她先是到华坪县的一些单位去"化缘"。她挨家挨户敲人家办公室的门，满脸赔笑地给人家"溜须"。溜须是地道的东北方言，就是主动讨好的意思。华坪县本来不大，张桂梅地毯式地"轰炸"了一圈，并没有多少收获。

　　"张院长，不是我们不给您面子，咱们这样的单位，现在仅能保工资，其他的钱真的是拿不出一分来了。"

　　"张院长，您不是不知道我们这个单位的难处，现在还欠着外债呢，好几年来，人家债主来催，我们都躲着不敢见。来吧，我们请您吃顿饭，您再去别家看看！"

　　也有一些热心人，给张桂梅出主意："您办儿童福利院，这是给子孙造福、功德无量的大善事呀。不过，您不能总在咱们这华坪县转圈，咱这个小县城才有几家单位呀。您呀，应该去昆明，那是省会，有钱的单位多着呢！"

　　就是这一句话，一下子把张桂梅的心灯拨亮了，是啊，为什么不考虑去省会昆明"化缘"呢？人家的建议是有道理的。

　　走，去昆明。说去就去。

大山女孩的希望之光——张桂梅的故事

张桂梅踏上了去昆明的列车。作为一个知识分子，她知道，光靠自己的两片嘴，怎么能化来钱呢。那个时候，她已经在华坪县小有知名度了，报纸上登过她的事迹，各级单位都给她发过证书。她把这些报纸、证书都装进包里，这是证据，可不是行骗，是正儿八经地为华坪县儿童之家来办公事的。

　　张桂梅的筹款路，就是这样一步一步走出来的。累了，她就坐在路边歇一会儿；渴了，她就掏出水杯喝一口；饿了，她的背包里有干粮。当然，张桂梅的筹款行为可不是不分季节、全天候的。她还是民族中学的教师呢，儿童之家的院长是兼职。她的四处游说，只能在寒暑假里进行。

　　人家别的教师的寒暑假，都是家人团聚，或到风景名胜旅游，或居家享受天伦之乐。张桂梅哪有什么亲人，她就是孑然一身。"一人走，全家行。""一人吃饱，全家不饿。"张桂梅就是以这样乐观甚至自嘲的方式，不断宽慰和鼓励着自己。

　　美丽的昆明，被人们誉为春城，张桂梅却无心欣赏美景，她知道自己这个"丐帮帮主"的职责是什么。

　　尽管她有介绍信、各种证书，还有报刊上的文章做证明，可是这些"护身符"到了很多地方还是不好使，相当多的人认为，这个女人就是一个骗子，甚至还有人辱骂她，驱赶她。

为筹集资金办学，张桂梅求过很多人。一次，张桂梅到昆明某企业寻求帮助，未等她把儿童福利院的情况说完，这家企业的领导就叫保安赶她走。"见我不走，保安就放狗咬我。"看着被狗撕破的裤腿和流血的脚，想到自己的委屈，张桂梅坐在地上放声大哭。更多时候，疲惫、无助的她坐在街头，靠着墙睡了过去，醒来时已是万家灯火……

在昆明城四处辗转、八方乞讨，她不知说了多少好话、赔了多少笑脸，几年来，也算是有所收获。几个寒暑假过去了，一统计，她筹来的钱已有两万多元。在21世纪的初叶，这也算是一笔巨款了，特别是对儿童之家来说，可解燃眉之急。

"你一个有知识有文化的教师，四处求人，不觉得丢人吗？"张桂梅的好朋友关心她的身体，善意地劝她别自讨苦吃了。

张桂梅"嘿嘿"一笑。

"求人很丢人，但我又觉得无所谓。如果孩子们生活得不好，那么我这个义务院长才更丢人呢。"

大山女孩的希望之光——张桂梅的故事

更有些人，直截了当地质问张桂梅："你这样做，到底是图些啥呢？咱们华坪县儿童之家，也不是你个人开的，你只是一个义务兼职的院长，连工资都不拿，你这样做，何苦呢？"

　　向张桂梅这样提问的人很多，张桂梅一般都只是笑笑，并不作答。但是，有一次，当几个好朋友又问起这个问题时，张桂梅认真起来了。她敞开了心扉，揭开了久藏在灵魂深处的一个情结。

　　"我这是要报恩，报华坪县的恩。"

# 06
# 人，要懂得知恩图报

张桂梅说的故事，发生在 1998 年。

头一年，也就是在 1997 年，张桂梅在昆明做了肿瘤切除手术，那个肿瘤，医生说有五斤重，曾经压得张桂梅腹腔的器官都移了位，可是她硬是撑了三个月，等孩子们中考完才选择去做了手术。她献身教育、爱岗敬业的事迹，迅速在华坪县传开了。第二年，县里召开妇联代表大会，给了张桂梅所在的学校一个名额，大家一致推选张桂梅当代表。

张桂梅当选妇代会的代表，可以说是实至名归。这位被疾病折磨得黑瘦黑瘦的老师，已成为教师队伍的典型。是的，她是从外地来云南的，是一个只懂得埋头苦干、带病上课的女人。

县里的一个政协委员得知了张桂梅的事迹，很受感动，于是找到张桂梅，对她说："张老师，您的事迹，我们县里一定要好好地宣传。您得好好活下去，我们决不能捧着骨灰盒来宣传您。"

于是，张桂梅在小县城里很快成了"名人"，新闻媒体争相报道她的事迹。

再说那次妇代会。

参会的代表们很快就将报纸上宣传的人物，和眼前这位说着一口东北话的老师对上了。一个早年丧母的东北人，从黑龙江来到了云南当老师，肚子里长了几斤重的肿瘤，还坚持把学生们送到考场才去做手术。"张老师，您真的是太了不起了，我们华坪县的人民都会感谢您的。"有代表说道。

当其他与会代表听说张老师自己已经一贫如洗，根本没有钱买营养品来补身体，却为学生全心付出，她们感动得流下了眼泪。

有一位代表提议："我们不能眼睁睁看着张老师这样的好人因为缺钱保养自己而过早地离开我们。等人不在了，我们纪念她、歌颂她还有什么意义呀？我们应该趁现在，伸出热情的双手，帮助好心的张桂梅老师。"

"对！我们同意，大家都捐些钱，来帮张老师一把！"

于是，"给好心人张桂梅捐款"，成了那次妇代会的一道亮丽的风景。那个场面是感人的，以至于后来，张桂梅每次说到那次大家为自己捐款的场面时，都忍不住声音哽咽，热泪横流。其实华坪县妇代会的这些代表们，大都是普通的公职人员，她们的收入也都有限，但善良朴实而又重感情的云南姐妹，在那一刻，都非常慷慨。

县里的妇联主席拉着张桂梅的手，对她说："张老师你不要怕，咱们县里虽然穷，但一定会全力救你的！我要号召全体与会的代表们，都伸出手来帮助你！"

"我捐一百元，张老师你收下吧！"

"这是我的五十元，你快收下吧！"

参加会议的县领导也来捐款了。

"这是我的二百元！"一位年龄较大的代表把钱塞到张桂梅的手里说，"老妹子，我年纪大了，没有花钱的地方，这些钱你拿着买些滋补营养品。千万记住，有了好身体，你才能把咱们华坪的孩子们教好呀。"

最让张桂梅感动的，是一个来自山区乡镇的代表。这位代表从贴身的衣服里掏出一张五元的纸币："这五元钱，你可别嫌少，收起来吧。我的孩子也在乡下读书，要是能遇到你这样的好老师，那该多么幸运哪！"

张桂梅把那张还带着体温的五元钱收了下来。后来，就是这五元钱，让张桂梅躺在床上辗转反侧，几度失眠。她是在妇代会结束后才得知的：那个捐给她五元钱的代表，身上只剩下这五元钱了。这五元钱，是她计划会议结束后坐车回乡下的路费。她把钱捐给了张桂梅，自己徒步几个小时，才回到了远在农村的家里。

每当张桂梅想起那个情景，想起一个只是在会议上见过一面的姐妹，会把自己仅有的五元钱路费全部捐出来，她就不禁热泪盈眶，这是怎样的情谊和胸怀啊！这五元钱，在张桂梅看来，比泰山还要重，那是不能用数字来衡量的财富。

就是这件事，让张桂梅的灵魂受到了触动。她的心被姐妹们的情感融化了，直到今天，说起那天的场景，她仍然激动地说："至死我都不会忘，我没给这个县城作过什么贡献，我愧对这片土地，可是华坪县的父老乡亲，请你们记住我张桂梅说的话，只要我还有一口气，我一定为这片土地做事！"

人，要懂得知恩图报。

报恩，既是中华传统文化的一种可贵的品质，也是现代文明社会的一个风尚。张桂梅懂得，她捧着的那些捐款，不仅仅是钱，更是这山乡厚重的情义。

"华坪给了我第二次生命，我要用生命回报你！"

是的，就从那一刻起，张桂梅的生命就和华坪紧紧地连在了一起，谁也不可能把它们分开。

# 07

# 小惩罚

    政协委员和县妇联的捐款，张桂梅一分钱都没有花在自己身上，而是全部转捐给了学校，用以维修破旧的校舍。当时，县里的一位主要领导曾给张桂梅的学校下了一个命令："这些捐款，必须全部作为张老师的医药费开支，任何人不得挪作他用，也不得捐给任何组织和部门！"

    可是，当钱到了张桂梅的手上，她还是一如既往地全部花在了学校的建设上。

    我们再把话题拉回到儿童之家上。

    很多年之后，当张桂梅回想起自己正在民族中学当老师，在2001年的那个早晨，突然接收了儿童福利院的邀请，义务兼任起儿童之家的院长时，她都会粲然一笑：这真的就是命运吧。

我们伟大的祖国，经济发展迅速，人民的生活水平也在日益提高，但在落后的偏远山区，还有相当一部分人，没有走出贫困，他们的日子过得还很艰苦。

张桂梅所在的华坪县就属于这样一个贫困地区。在这样的贫困地区，因为各种各样的原因而将婴儿或儿童遗弃的情况时有发生，屡禁不止。

针对这个问题，华坪县建立了一个社会福利院，专门收养那些被遗弃的孩子。福利院建好了，要选一个有责任心又有能力的人来当院长，这是一个公益性岗位，完全是一种奉献和慈善的组织行为。

张桂梅就是在这样的背景下走上了院长的岗位。

张桂梅就是想为华坪县做些事情，当院长这个事，她在心里盘算，自己能干好。她就是一个普通的人民教师，无儿无女，无家庭所累，当然也没有什么牵挂和负担。和常人比，她有时间，更有一颗爱孩子的心。

有爱，这就足够了。

张桂梅发现，每一个被遗弃的孤儿，都折射出一个社会悲剧，这些悲剧的后面，大多有着一个悲剧性的母亲。

这些孩子之所以被遗弃，或因为家贫，或因为孩子身上先天性的缺陷。每一个孩子的情况都不一样，但每一个都让人心酸流泪。

比如，有一个小女孩的母亲，因为不堪忍受丈夫长年的虐待，一时糊涂，竟然找来娘家的哥哥把丈夫打死了，而她自己也受到了法律的制裁。她的孩子无人照料，张桂梅的儿童之家，就成了孩子的归宿。

还有一个小男孩的母亲，生育第二个女儿的时候，家里人愚昧，不让她去医院生，而是在家里用土办法自己接生，导致这位母亲产后大出血。在弥留之际，她提出一个要求，想最后见一见丈夫，可是她的婆婆连这个小小的请求也不允许。婆婆固执地认为，女人在咽气之前见丈夫会给丈夫带来晦气，是不吉利的。最终女人遗憾离世，丈夫终日买醉，犁田时意外离世，留下的那个小男孩无人照料，只好来到了儿童之家。

张桂梅的人生，经历了太多的苦难，而到了儿童之家，与这些孤苦伶仃的孩子们在一起，她竟然感觉自己是一个非常幸运的人。"儿童之家的孩子们，我从今天起就来给你们当妈妈了，有我在，我会让你们幸福起来的。"张桂梅在心里默默地说着。

与学校里那些孩子们比，儿童之家的孩子相对要小一些，他们过早失去了家庭的呵护，每个人都有着强烈的个性。固执、倔强、冷漠，这些人类的缺点，都会在他们身上找到影子。

有一年，中秋节到了，儿童之家几个年龄偏大的孩子忽然想起来，中秋节是要吃月饼的，可是怎么才能吃到月饼呢？

几个胆大又淘气的孩子在一起商议，月饼当然是需要用钱来买了，可是他们谁也没有钱。没有钱，怎么办？可以想办法呀。一个聪明的孩子就想出了一个办法：捡一些破烂儿去废品收购站换钱。捡破烂儿的主意实在不错，饮料瓶、旧报刊、废纸壳都可以。不过，他们围着儿童福利院前前后后转了几圈，也没有找到什么值钱的破烂儿。于是他们偷偷溜出院子，把"战场"向外扩散，去寻找新的目标。

果然有发现。

他们看到一栋楼房的外边有围栏，围栏是铁制的。可能是年久的原因，那铁围栏已经不结实了，中间和底部都有断裂的地方，用力一掰就能弄断。

"铁是可以卖钱的，而且卖的钱还会很多。"

有人迟疑了一下："咱们这样做，是不是犯法呀？要是让人家抓住了……"

"犯什么法呀，咱们就是掰几根换钱去，也不是全都掰下来。"他们给自己找理由。他们不懂法，他们更不知道，这个铁围栏里的单位，其实就是县里的法院。

"是啊，还等什么？趁着现在没有人看着，咱们几个马上下手吧！"

这几个淘气的孩子说干就干。

就在孩子们躲在一个角落里偷偷品尝着月饼的时候，法院的人寻踪索迹来追究了。

张桂梅一边给法院的同志赔礼道歉，一边表示要严肃处理这些孩子。

张桂梅气得恨不得扇他们几巴掌，但看着孩子们一个个害怕的眼神，她的心又软了下来。

"你们想吃月饼，和我说呀，你们怎么知道咱们儿童之家没有准备中秋月饼？月饼早就准备好了，可是，你们几个犯了错误，就要受到惩罚！"

为了让这几个孩子更深刻地认识到错误、接受教训，张桂梅罚他们站了一个小时。

罚完了这些孩子，张桂梅又觉得心疼了，她催促

着孩子们:"赶紧上食堂,你们每个人都能领到一份月饼,还有水果、奶茶!"

张桂梅就站在食堂的窗口,看着孩子们吃;看着孩子们吃,她感觉比自己吃还要香甜。

很多年后,这些孩子都长大了,其中有一位考上了大学,毕业后又考上了县里的公务员。说到当年在儿童之家被罚站一事,他至今仍记忆犹新,心存感激。

"长大以后我才明白,张老师是用这个小小的惩罚告诉我们一个简单的道理:犯了错就一定要承担后果!"

# 08

# 梦想办女高

　　张桂梅已经是县民族中学的老师兼儿童之家的院长了。

　　这两个身份，足以占据她全部的时间，可是她并不止于此，她还要做另外一件更大的事情——她要办一所女子高中。

　　张桂梅的目光聚集在"女子"这个词上，是有一定原因的。

　　儿童之家里的弃儿，女孩子居多。在华坪县，女孩子受到了太多歧视。重男轻女，这本是封建社会遗留下来的陋习，为文明社会所不齿，可是现实真的无数次给张桂梅敲起了警钟。

　　这里的女孩子上学的问题，不应该再拖延下去了。

张桂梅所在的民族中学，是一个多民族子女集聚的地方。张桂梅观察到，民族中学的女孩子们多来自大山深处，她们并不笨，学习成绩也不错，可是奇怪的是，读着读着，有些女孩子就不来了。

她们去了哪里？

好奇心让张桂梅睁大了眼睛，追寻着那些失学的女孩子们。

这一追就追到了深山里。

张桂梅来到她曾经教过的女学生家。

她上前敲门："您好，我是民族中学的张老师……"

张桂梅很有礼貌地打招呼，却经常受到冷遇。有时候敲开了门，开门者本来笑脸相迎，可一听说是老师，立马变得生硬和漠然起来，甚至还有人将她拒之门外。

理由都很简单："我们家的女孩子上了小学和初中，认识了几个字，会写自己的名字，就可以了。一个女孩子家，没有必要继续读那么多书。"

"再说了，读完初中还要读高中，家里花不起钱。"

贫穷和愚昧是一对孪生兄弟：穷，没有钱读书；女孩子，读书无用。这就是张桂梅面临的社会现实，根深蒂固，很难撼动。

有一次家访路上，在一个深山小村的小路旁，张桂梅遇见了自己的一个学生。这个学生学习不错，张桂梅认为，凭她现在的成绩，两年后考上高中不成问题，可是她还是辍学了。

"你这些天不上学，在家里做什么呢？"

女孩子不好意思地笑了笑，指着身边的几头牛说："我在家放牛呢！"

"你，就这样一直放牛了？"

"那我还能做什么？"

"今年你放牛，明年还放牛？"张桂梅追问下去。

"明年？明年……"女孩子嘟哝着，不想再说了。

"告诉老师，你明年要做什么？"张桂梅盯着女孩子问。

"明年，我妈妈说，让我出嫁。我要结婚了。"女孩子说话声音小得像蚊子。

"你才多大呀？刚读初二，十六七岁，就要结婚？！"张桂梅十分惊讶。

"张老师，我们这里的女孩儿，都是这样的命，虽然我们也知道有法律要求，可是……"

"你这么小，学习成绩又这么好，不念书真是太可惜了！"

"张老师，读高中是需要很多费用的，我们家穷，真的拿不出来呀！"

还是钱的问题，我国实行九年义务教育，小学和初中都由国家来承担教育的经费。可是，目前国家的财力还不能覆盖到高中阶段。

这时，张桂梅看着眼前这个女孩子，又说了一句："如果读高中不花钱，你去读吗？"

女孩子的眼睛立刻亮了起来，她黑黑的眸子闪烁着期待的光芒："读高中不花钱，那样怎么会不去呢？能去，能去的！"可是这句话刚出口，她的眼睛就像蒙了一层灰尘，立刻又失去了光彩，"张老师，您开什么玩笑啊，哪有读高中不要钱的？"

张桂梅在深山里走访了好几个辍学的女生家之后，回到家里，她失眠了。她望着窗外天空上闪烁的星星，那些星星仿佛都变成了一个个失学女孩子的眼睛，一眨一眨的，好像在问："张老师，您真的会给我们办一所不用花钱的高中吗？您不是在做梦吧？"

"是的，现在这只是一个梦想，但是，我一定要把这个梦想变成现实！"

张桂梅躺在床上，辗转反侧，难以入眠，她脑子里装的全是办免费女子高中的事情。

张桂梅仿佛依稀看到了自己办的女子高中。

这个高中有着宽敞明亮的教学楼，也有开阔的操场，操场上还有篮球架——女孩子打篮球的姿势多么潇洒、漂亮啊！在这所学校里，还有最好的老师、最好的教学设备，还有电脑，能随时上网，让孩子们看到大山外面的世界，看到遥远的宇宙星空。到这所学校读书的孩子们，你们放心，我会把你们培养成大学生的。你们可以考到北京、上海，或者到咱们的昆明，也可以到附近的四川、贵州……总而言之，你们考上了大学，就会对国家作出更大的贡献。

哦，对了，差点忘了说，这所女子高中，是免费的，免费！不要钱！

只要你是华坪县的适龄女学生，都来读书吧！你们不用再去放牛了，更不用在初中、高中这个学习的黄金时代被迫走进婚姻的殿堂——不，对这个年龄的你们来说，那不能叫殿堂，只能叫牢笼啊。你们应该有自己最美好的青春，你们必须要学习文化和科学知识，仅仅读完小学、初中还远远不够啊！你们也应该和我张桂梅一样，有自己的梦想。你们不想走出大山，看看外面的世界吗？难道你们的一生，就要这样拴在这个偏僻的山沟里吗？你们要回来，也必须是带着知识回来，那样，你们才会用你们学到的本领，把山村建设得更加美丽、富饶。

这个梦想，让张桂梅激动得想跳起来。她想告诉身边所有的人，告诉天上的白云，告诉林中的小鸟。这时，张桂梅想起了海子的那首诗，她忍不住轻声朗读起来：

……
那幸福的闪电告诉我的
我将告诉每一个人
……

# 09

# 艰难的乞学之路

张桂梅想要创办一所专门招收贫困女生的免费高中，这个梦想始于2002年。

理想很丰满，现实很骨感。她的初衷折射着一个教育家长远的眼光，和她那慈母般的柔情大爱。她要通过自己的努力，切实解决当地贫困山区一些女孩上学难的问题。

尽管她在教育系统工作了多年，可是在如何创办一所学校方面，她还是缺少经验；但她懂得一个最朴素的道理：想办学，必须要有经费。

就这样，2002年的张桂梅再次扮演"丐帮帮主"的角色，披挂上阵，开始四处奔波，筹集资金，但效果不佳，筹款数额还不如上次为儿童之家筹来的多。

有梦想的人，总是沉浸在自己的思维当中，张桂梅有一个自己很得意的"化缘"方案："华坪全县十多万人，一人给我10块钱，我就有好几百万了，全省那么多人，一人给我5块钱……"你说她天真不天真？

化缘方案很美，贯彻落实很难。

张桂梅有些着急了，她简直有点像鲁迅笔下的祥林嫂逢人就说自己的孩子阿毛那样，一张嘴就是要办女子高中，免费女子高中。她的神态，用"魔怔""发疯"，甚至"精神病"形容都不为过。

她一次次地给上级写报告，在各种会议上呼吁倡导，但回音寥寥。

有领导直言："张老师啊，你的想法不错，但仅靠咱华坪县的财政，不足以支撑建设这样一所中学。"

有同事相劝："桂梅呀，你当着民族中学的老师，还兼着儿童之家的院长，手头上的事情，还不够你操心的呀？"

有好友"讥讽"："你呀，发了疯似的想建学校，图些啥呀，反正报告也都交上去了，你就等着吧！"

张桂梅的态度并没有因为上述回音而有一丝改变。

艰难的乞学之路

"我不能等了，我没有更多时间了，2002年，我已经45岁了！"

她又说了一句足以让天地感动的话，尽管这话语很普通，语调很低。

"就算我们等得起，孩子们的成长等不起，华坪县那些辍学的女孩子再也等不起啦！"

四处求助无果的张桂梅，又踏上自己筹钱办学的路。

文章写到此处的时候，笔者想起了一个叫武训的人。武训，是清朝时的一个贫苦农民。小时候，他给地主家干活，因为不识字，被人家用假账蒙骗，遭到毒打，差点身亡。吃尽文盲苦头的武训，决心行乞兴学。

武训为了实现自己办一所学校的梦想，到各地去行乞集资。他头发脏乱、面目污黑、烂衣遮体，但却很快乐，一边走一边唱着自己编的歌谣，四处乞讨，足迹所至，遍及中原大地。

诚然，张桂梅与武训在价值观上有着本质的区别，武训张扬的是对自己因文盲受辱而唤起的冲动，很多戏文里，在描写武训这个主人公时，为他写的主题歌是"不娶妻，不生子，修个义学才无私"。

而张桂梅显然是站在时代的高度，她想的是祖国的明天和民族的未来，她自己本身是有文化的，从来没有因没文化而受辱的经历，她懂得只要有了文化，华坪这些失学的女孩子，才会真正改变自己的人生。

　　从2002年到2007年，整整五年时间过去了，华坪县女子高中这一宏伟蓝图，还仅仅是蓝图而已，进展非常缓慢，张桂梅的乞学之路走得很艰难。别说办一所高中，就是办一个小规模的幼儿园，从审批手续，到各种硬件设施、教师配备等，都需要一个非常庞杂的组织机构来操作。张桂梅不禁自问：你张桂梅有什么呢？你没有权力，家里也没有矿，只有一片热心，你四处乞讨般的募捐，得到的只是大多数人的同情，还有相当多人的嘲讽，你曾经为了这个梦想，一次次地哭过，可是想办一所高中，平地起高楼，光靠眼泪怎么行？

　　这五年的追求、探索和拼搏，让张桂梅一下子苍老了许多，她走了太多的路，敲了太多的门，说了太多的话。她几乎都要绝望了。

　　让她感到痛心的并不是自己付出的心血和劳动，而是那些因家贫过早失学的山村女孩子们。她的心里始终没有忘掉，那个刚到初二就牵着牛的孩子，是不是已经结婚生子了？那些渴望回到学校的山村女娃们，她们心里曾经被张桂梅点燃的希望之火，是不是已经熄灭了？

张桂梅仰天长叹：我泱泱大国，钟灵毓秀，五千年文化辉煌，为什么这文明的光芒，就照不到那些偏僻山村失学女孩子们的身上？办一所免费的女子高中，为什么这么难？

就在张桂梅心灰意冷，几乎要放弃的时候，一个令她意外的消息降临了。

张桂梅的命运有了转机，一个新的时代由此开启。

这是 2007 年，张桂梅 50 周岁。

这一年的秋天，党的十七大在北京召开。张桂梅光荣地被选为十七大代表。

这不仅仅是崇高的荣誉，更是一种责任。张桂梅感谢基层党组织把这样一份神圣的使命交给了自己，她觉得肩膀上的担子更重了。同时，她在迷茫之中仿佛又看到了一丝曙光："这些年来，我一直在华坪县，在丽江市，在昆明市，在云南省为免费女子高中奔走呼号，这次到北京了，也会见到党和国家领导人。在北京，在人民大会堂，我可以堂堂正正地说出自己的

心愿，我要把自己的这个梦想告诉大家，我相信，一
定会得到支持的！"

　　想到这里，张桂梅激动得睡不着觉。

# 10

# 你的裤子破了

党的十七大是世界瞩目的盛会。作为华坪县唯一的党代表，张桂梅一下子成了众人关注的人物。华坪县委、县政府知道张桂梅平时省吃俭用，生活拮据，特意给她拨了7000元，让她购买一身正装。

"你是代表咱们华坪县去北京参加党的大会，一定要穿上正装，你可代表着咱云南人的形象啊！"

张桂梅笑了笑："正装？什么是正装？"

"你呀，就是明知故问。正装，就是在严肃场合的正式服装，像西服、中山装、民族服饰等。"

张桂梅又是一笑："我现在穿得就很好，我们当老师的，穿得都很正式，县里就不要再给我花钱了。"

张桂梅嘴上这么说，但还是欣然接受了县里特意拨给她的这 7000 元"正装款"。

这个钱，张桂梅根本就没有考虑买衣服，相反，她用这笔钱，给儿童之家买了一台电脑。儿童之家早就想买电脑，正愁无处筹钱呢，现在好了，有钱了。张桂梅把电脑放在儿童之家的大教室里，连上网线，让孩子们轻点鼠标就能与世界联网，在那神奇的信息天地里，像鸟儿一样自由飞翔。那一刻，她真的开心极了。

上北京开会，毕竟是一件很严肃的事情。张桂梅把自己所有的衣服挑来选去，真的是没有一件合适的。于是，她来到商场，咬了咬牙，花了 200 元钱买了一件短款西装。她对着试衣镜左看右看，她从来也没有穿过这样一件像样的衣服。"人靠衣装马靠鞍"，俗话说得真有道理。

"您穿上这上衣太合身了，再配条裤子吧！"服务员又热情地推荐了几款裤子。

这次张桂梅摇了摇头："有上衣就行了，我家里还有裤子！"她家里哪有什么像样的裤子，她就是舍不得钱。

回到家，她选了一条平时最喜欢穿的牛仔裤，踏上了北上开会的旅途。

2007年，金秋十月，张桂梅上身穿着那件崭新的西装，下身穿着干干净净的牛仔裤，走进了庄严的人民大会堂。

会议间隙，有人从背后拉了她一把。

张桂梅回头一看，是位年轻的女士，不认识。除了云南代表团的代表们，在北京她没有任何熟人。这时，张桂梅目光落在年轻女士胸前的标签上：哦，原来是一位记者。她以为记者要找自己采访，马上就要开大会了，不是采访的时候，她摆了摆手，表示拒绝。

谁知女记者没有走开，而是上前靠近她，对着张桂梅的耳朵悄声说："这位大姐，您摸一下自己的裤子后面。"

"摸裤子？"张桂梅像是没有听明白，"我的裤子怎么了？"

她嘴上嘟哝着，还是下意识地伸出手，向裤子后面摸去。

"呀！"张桂梅的手触到了两个破洞，"我裤子破了，漏洞了，这怎么可能呢！"张桂梅顿时羞得脸如同一块红布。这条她最喜欢的牛仔裤穿了好多年了，"你早不破，晚不破，偏偏在我到北京开会的时候，漏出两个洞来，真是太砢碜了，太丢人了！"

张桂梅一边嘟哝着，一边使劲往下拉那件正装，可是那件正装还是有些短，根本盖不住屁股后面的两个洞。张桂梅无奈地笑了笑，如果这个洞漏在大腿或膝盖处，那会很时尚、新潮的——虽然那也与参加党代会这样的场合不符，毕竟还能说得过去——可是，漏在了后面，这算什么呀。看着站在一旁的记者，张桂梅以笑遮羞："哦，这个事，你可别给我报道出去，开完了会，我马上就去换一条新裤子！"

其实她哪有什么新裤子，她来北京就穿了这么一条牛仔裤。

女记者看着张桂梅的胸牌，那上面有她的名字："张大姐，您穿破洞裤子的事，我可以不报道，不过……我要提一个要求，您得答应我。"

女记者看着张桂梅的眼睛。

"答应，肯定答应，你说吧！"张桂梅心里想的是要赶紧逃离这个尴尬的现场。

女记者没有说什么，只是指了指不远处一个贴着"大会新闻中心"的房间："下午散会以后，请您到那儿去找我，我等着您！"

散了会，在十七大新闻中心，张桂梅和记者聊了

你的裤子破了

起来。

她说了些什么呢？从民族中学，到儿童之家，说着说着，她说起了自己这些年就是有一个梦想：要给偏僻山区的女孩子们办一所免费的高中。

记者被张桂梅的诉说深深打动了，她从张桂梅那浓重的东北口音的诉说里，仿佛看到了一个有着坎坷经历的女人一路走来的风风雨雨。

张桂梅一边说一边哭着，哭得稀里哗啦。

女记者一边听一边记着，也哭得泪水横流。

从下午聊到了傍晚，又从傍晚聊到了深夜，张桂梅说的都是自己的亲身经历，用不着准备任何语言，完全是一种心声的自然流露。

那一刻，张桂梅绝对没有想到，她的这一段心灵独白，这一节人生感悟，会通过记者的传播，一瞬间在全国上下唤起强烈的共鸣，感动无数的听众和读者。

这位记者写了一篇长篇报道，题目是《"我有一个梦想"——访云南省丽江市华坪县民族中学教师张桂梅代表》。

现代传媒的影响力无法估量，穿着漏洞破裤子参加党代会的张桂梅，几乎是在一夜之间，成为全国各大媒体竞相报道的"明星人物"，报社、电视台纷纷邀请她，让她出镜讲述自己的故事。

张桂梅就又开始不厌其烦地讲起了自己的梦想，讲那个她无数次在心中描绘的女子高中，依然是讲着讲着，就泪水纵横，让无数读者和观众不禁也跟着她鼻子一酸，抹着眼角的泪花。

很多人，是第一次才从张桂梅的口中知道这个叫华坪县的地方，那里的生活条件还很艰苦，有很多的山村女孩因贫困而辍学。

而眼前这位张老师的梦想，就是要给那些女孩子办一所高中，让她们不花钱也可以有学上。

# 11

# 重温入党誓词

如果说，在2007年之前，张桂梅那些关于女子高中的梦想就是"痴人说梦"，那么，十七大之后，张桂梅的女子高中，真的就像一个远在空中盘旋的云朵，终于降下了希望的甘霖。阳光普照，雨露滋润，在华坪县这块土地上，一所新型高中，像一株大树拔地而起，伸枝展叶，去拥抱蓝天。

张桂梅从北京开会回云南不久，领导就通知她：丽江市委和华坪县委经过研究，在教育经费紧张的情况下，仍决定市、县两级各拨款一百万元，由张桂梅牵头来筹建女子高中。

听到这个消息，张桂梅的眼泪一下子又流了出来。她在心里暗暗发誓：感谢党，感谢各级政府对教育的支持。我张桂梅拼上老命也要把学校建好，回报华坪县的父老乡亲！

2008年9月1日，是全国各类学校秋季开学的日子。

这一天，华坪女子高级中学正式挂牌成立了。

在云南省教育主管部门的花名册上，第一次有了华坪女子高级中学的名字。这所新型学校的大门向贫困的女孩子敞开。办学目标和宗旨非常明确：招收华坪县及丽江市其他县区贫困家庭的女学生。

从那时起，张桂梅就担任这所学校的党支部书记和校长。

开学的第一天，这个初办的学校还处于条件非常简陋的阶段，师资不完善，设备不齐全，操场上尘土飞扬，甚至没有围墙、没有宿舍、没有厕所，连保安也没有。

但是，这里是华坪大山里100名女孩子神圣的知识殿堂，是一艘艘航船即将扬帆启航的港湾，是一匹匹骏马在此驰骋飞奔的草原。

开学典礼结束了，意味着新学期的开始。张桂梅信心满满，她要用自己怒放的生命，让走进这个校园里的每一个生命都在阳光下怒放。

有些困难已经在预料之中，比如，为了保证学生们的安全，张桂梅带着女教师，住进了学生宿舍，和学生朝夕相伴。男教师们，则在楼梯处用木板搭建简易床铺，这样，可以替代专职保安的工作，做到24小时都有人轮流值守。其他的困难，诸如吃饭、上厕所等，张桂梅出面借用兄弟单位的设施，也能暂时对付过去。学校"开张"了，一切都会慢慢好起来的。

　　但是，最大的困难，还是很快就突显出来。

　　学校是做什么的？是教学单位。与张桂梅兼任院长的儿童之家不一样，学校是教书育人的地方。来到学校的学生，是要用学习成绩来证明自己的，如果没有学业上的进步，说什么都没有任何意义。

　　可是来到这所学校的100名新生，她们的水平与其他高中的学生相比，实在是不可同日而语。因为招生时没有设分数线这道门槛，学生的基础普遍较差，而且，这些学生绝大多数是来自贫困山区的少数民族，她们中的很多人，只熟悉本民族的语言和本地的方言，连普通话都说不好。

　　高中，国家教育部门是有教学大纲来安排教学进度的，高中教学有着非常规范和科学的规律。可是张桂梅招进来的这些学生，很多连汉语拼音都不会，如果真要补课的话，那就要从小学开始补，这对教师来说，面临着的将是超出其他学校几倍难度的重任。

当老师把学校统一考试的成绩单摆在张桂梅面前时，张桂梅看着成绩单上那些可怜的数字，心急如焚。她知道学校就是要抓教学，要采取因人而异的补习措施。可是问题太多，从何处下手呢？

华坪县里、丽江市里都是有高中的，大家也都在观望、比较，有比较才有鉴别，才会看出学校的优劣。张桂梅是把女子高中办起来了，可是你的办学成绩还未知。人们的议论中，有质疑，有嘲讽，甚至还有谩骂。

100名新生中，有人坚持不住了，很快就有6人向学校提出转学。原因有很多，有的是因为跟不上学习，也有的是因为觉得这样的学校差生太多，还不如到其他学校，以免浪费时间。

上面这些说的是学生，教师的队伍也不稳定。

最初的华坪女子高中，共有教师17名。这些教师也是张桂梅一个个认真挑选的。在华坪县，由于经济发展相对滞后，教师的收入并不高，而张桂梅的女子高中，因为初次办学，且是免费面向贫困学生，更不可能给教师提供比较好的待遇。很多教师，也都是从贫困的山村来的，他们上有老、下有小，都指着当教师扛家庭的大梁，来养家糊口。

张桂梅真的是无力满足教师合理的工资期待，她就算舍弃了自己的一切，自己什么也不要，都奉献给学校，也不可能满足基本的诉求。

教学能否迅速搞上去，教师的水平是重中之重。华坪女子高中，自打成立以来，就努力从各方面挖掘教师人才。

有一位化学老师，从甘肃前来应聘。"欢迎欢迎，来，找一些学生，听听你讲的课。"

应聘老师上台讲了起来，那枯燥的化学公式，经过这位老师的讲解，像五颜六色的花瓣，触手可及，学生们都喜欢听。为了留住这位老师，张桂梅一咬牙，给人家报了一个在这所学校来说算高薪的数字，可是这位化学老师听完张校长开的薪酬，无奈地笑了笑，给华坪留了一个背影，走了。

这件事给了张桂梅很大的触动。

师资力量薄弱是华坪女高最迫切需要解决的难题，究其原因，还是教学经费不足。如果经费充裕，就会把更多更好的人才吸引过来。

建校最初的17名教师，对一所高中来说，本来就不多，可是就连这17名教师，竟然也有9名向张桂梅提出调动工作，说他们不想继续留在华坪女高了，有人甚至说，如果调动工作不成，可以考虑辞职。

前有学生转学，后有教师辞职，张桂梅腹背受敌，难以招架。

张桂梅梦想中的女子高中，经过千难万险终于建立起来了，难道这么快就要在这些挫折打击下夭折了吗？

不，决不能这样。为了学校能够继续生存下去，张桂梅苦苦思索着出路。

咦？她看着手里的一份教师情况登记册，忽然发现了一个惊喜。

17个教师，走了9个，占教师总数的百分之五十以上。留下的是8个人，这8个人中，竟有6个是共产党员。

6名共产党员，还坚守在教学岗位上，他们是自己并肩战斗的战友，是同舟共济的伙伴。有共产党员坚定的信念，我们就会守住这个阵地。

张桂梅把这6名党员教师召集在一起。

他们那时还没有购买党旗，张桂梅就在二楼楼道的墙面上，手绘了一面党旗。

"来，同志们，咱们都是共产党员，咱们今天的党会，就是面对党旗重温入党誓词。我带头领诵。"

——我志愿加入中国共产党，拥护党的纲领，遵守党的章程，履行党员义务，执行党的决定，严守党的纪律，保守党的秘密，对党忠诚，积极工作，为共产主义奋斗终身，随时准备为党和人民牺牲一切，永不叛党。

重温入党誓词后，有的党员哭了，他们看着张桂梅，纷纷表示，现在学校是遇到了很多困难，但他们坚信，靠着共产党员的坚定信念，一定能把华坪女子高中办好，一定要把大山里的女孩子送进大学。

那时候，华坪女高还没成立党支部。这件事给了张桂梅一个很大的启示：一个人的力量是有限的，有了党组织，才能战胜困难、走向胜利。于是，华坪女子高中的党支部很快成立了，张桂梅的肩上又多了一副支部书记的重担。但是，正是有了党支部这个主心骨，华坪女子高中才翻开了走出困境、迎来曙光的新篇章。

# 12

# 工资卡

张桂梅是华坪民族中学的教师，2001年接手儿童之家的院长，2008年又创办了华坪女子高中。你一定会想，她一人身兼数职，一定会有很多收入吧。

民族中学是给张桂梅开工资的，可儿童之家，也就是华坪县的儿童福利院，是民政局下属的事业单位，主要依靠县财政拨款和社会捐助来运转。当初，也是捐助方指定让身为教师的张桂梅兼任院长，靠她用自己的爱心和社会活动能力，推进和改善福利院的工作。福利院成立的时候，张桂梅非但没有领取一分钱工资，还把自己的工资卡交给了儿童福利院的财务人员。

无儿无女的张桂梅，把儿童之家的孩子们当成了自己的孩子。孩子们生病了吃药打针，或者有时候过年过节给大家改善生活，儿童之家没有额外的经费，张桂梅早就嘱托过财务人员，就从自己的那张工资卡里支出，这就是正用。

华坪女子高中成立了，张桂梅的工资卡由儿童之家和华坪女高共同使用。这张卡的金额和密码都在财务人员手上，张桂梅甚至连卡里有多少余额都不知道。她自己的工资卡，成了公用卡，用在了儿童之家和华坪女高孩子们的身上。

而她对自己，却是出了名的"抠门儿"。

前面我们说过，张桂梅去北京参加党代会，竟然穿了一条漏洞的裤子，这在当今社会简直是一桩奇闻。谁不愿意多穿几件像样的衣服啊，可她就是这样，一件衣服穿几年都不换。

再说吃，在她那儿更是简单：一个馒头、一碗面条，白菜萝卜，粗茶淡饭，她吃得喷香。

作为华坪女子高中的校长，为了学校的建设和发展，张桂梅跑里跑外，与社会上的各种单位打交道，按常理说，免不了要有一些吃喝的接待费用发生。可是，偏偏在张桂梅这里，这个接待费用从来就没有出现在学校的公出账上。

她就是这样一个简单的人：正办着公事的时候，赶上了吃饭的时间，那就去食堂和大家一起吃吧；如果出门在外，那也很简单，找一家小饭馆，面条、米饭，吃饱即可。与客人和朋友吃饭，她也是这个做法。那种几菜几汤的大吃大喝，在张桂梅这里从来没有。

　　所以，在华坪女子高中的账上，你不会看到有关餐费的支出。

　　能做到这样，真的是很难。

　　也有人不信，别听她嘴上说，查查账就知道了。近些年来，反腐倡廉，从中央到地方重拳出击，天网恢恢。2019年8月，华坪县委第九轮巡察的巡察工作组来到了华坪女高。

　　华坪女子高中，是公办学校，不属于民办单位，所以，受到政府相关部门的财务审查理所应当。张桂梅在那儿当校长，多年来是大家公认的先进典型，当时，县里有人说，她这些年为华坪女子高中的发展，付出了太多的心血，为了学校，肯定会发生一些人情往来，即便有一些吃吃喝喝方面的费用，也都属于工作范围内的，算是正常支出。

　　巡察组把华坪女子高中建校以来的所有账目都

进行了清查，结果令他们震惊：这些年来，张桂梅居然没有在学校里报销过一次餐费，甚至连一笔差旅费都没有报销过。

有一位巡察员对巡察组长说："我感到非常震撼，这是让我在这儿上了一次党性教育课呀。这次活生生的党课，让我们看到了一个真正的共产党员是怎样全心全意为人民服务的。"

华坪女子高中的名声随着媒体的宣传越来越大，吸引了很多新闻单位来校采访，也有很多上级有关部门来学校指导工作。不管谁来，到中午吃饭的时候，张桂梅都会客气地和客人们说："午饭你们就在食堂里吃盒饭吧。"然后，她会告诉食堂，这些客人的饭钱，由她来结算。

县里巡察组的同志告诉张桂梅，这样的工作餐，按照相关规定，是完全可以由学校的财务按标准报销的。张桂梅笑了笑："我自己掏钱，我有钱呀，习惯喽。"

把自己的钱花在学生身上、老师身上，或者公家身上，张桂梅真的是习惯了。习惯成自然，她觉得这是天经地义的事情。"我的一切，都是党和人民给的，我够吃够穿就可以了，要那么多钱做什么？钱是为人服务的，就要用在正事上。"张桂梅的正事，就是把学校办好，让孩子们快乐地成长。

再说到工资卡。有一天儿童之家的财务人员给张桂梅打电话，说她卡里每月的工资比过去少了，是不是被华坪女子高中的财务取走了。

"哦，我问一下，不急。"

张桂梅就问了一下华坪女子高中的财务。

财务人员说："张校长，我正要找您呢，您现在的工资不是在岗人员的工资标准，而是退休工资，是差了不少钱呢。您得到上面查一下去。"

张桂梅点了点头："我知道了，没事了。"

"您现在明明在岗位上，是咱们华坪女子高中的校长和书记，怎么能按退休工资给您呢。这个钱您到上边一找肯定会找回来的。"

张桂梅还是笑了笑："我说没事就没事，多发咱们就多用些，少发就少用呗！"

# 13

# 不离手的小喇叭

　　我想，若干年后，假如华坪女子高中要建一个校史展览室的话，有一样东西，应该摆放在这个展览室的醒目位置——那就是张桂梅使用的小喇叭。它会穿越时空，向每一位参观者讲述张桂梅呕心沥血、献身教育的感人故事。

　　这是一个电动的小喇叭，很普通，很常见。受话处是绿色的塑料所制，喇叭口是刷着白颜色的金属体，用手摁住握柄上的开关，说话者的声音就会传得很远、很清晰。

　　一个集体单位，诸如学校、军营，都要有严格的时间管理程序。执行力往往代表着团队的战斗力。在华坪女子高中，本来是有铃声准确地将学生们带入规定的活动日程，起床、吃饭、上课、下课，一切都已经安排得非常科学和规范。

但张桂梅作为一校之长，她为自己平添的这个"秘密武器"——小喇叭，却是她自己的创举。

清晨，5点30分。太阳在东方还没有露出笑脸，华坪女子高中的起床铃声响了。紧接着，一个有着浓重东北口音的女声通过喇叭传来。

"姑娘们，起床了，抓紧时间洗漱，早读时间别迟到！"

清晨是多么安静，此时张桂梅的小喇叭显得格外响亮。

铃声相当于家里的闹钟，在甜蜜的梦乡里漫步的孩子们，谁情愿走出温柔的梦呢？可是，张桂梅的小喇叭，就像母亲的呼唤，硬是把她们一个个云游八方的灵魂拉回大地。

有了小喇叭的呼唤，宁静的校园一下子变得紧张起来了，刷牙、洗脸、跑步的声音，从宿舍弥漫到操场，接着，琅琅的读书声便在每一间教室响起。

到了课间，张桂梅的小喇叭又在操场上响起："跑步啦，快点快点！"

食堂开饭了。她的小喇叭依然像一个摆脱不掉的

影子追着姑娘们："都别说话，好好吃饭！"她用的都是感情色彩异常浓烈的祈使句——不是陈述句，更不是疑问句——充满了"呵斥"和严厉。

午睡的时间刚过。

张桂梅的喇叭声又在宿舍楼里响起："马上到操场集合跑步，我再给你们一分钟的时间，就一分钟，跑不到，我马上关门！"

你听听，这是多么不容辩驳的命令。

晚上12点多，到了学生们睡觉的时间。张桂梅的小喇叭，又下达一天当中最后一次指令："请大家准备上床睡觉，还有5分钟就关灯了！"

张桂梅手中的这个小喇叭传出的声音，一直回响在华坪女子高中的校园里，从早晨到晚上，都能听到她的喊声。算下来，"喊起床""喊早读""喊宣誓""喊唱歌""喊吃饭""喊午休""喊晚安"，一共有"七喊"。

所以在华坪，"七喊校长"是张桂梅的又一个绰号。

"七喊校长"应该算一个褒义词，而一些学生在背后称她是"大魔头""周扒皮"，则是对这个严厉的校长善意的形容。

"'三更灯火五更鸡，正是男儿读书时。黑发不知勤学早，白首方悔读书迟。'姑娘们，人家男儿从古至今读书都那么刻苦，咱们女孩子也要争气呀，没有头悬梁锥刺股的精神，怎么能提高学习成绩？咱们得吃别人吃不了的苦，才能把成绩搞上去，姑娘们，加油啊！"

　　日久天长，华坪女子高中的学生们已经熟悉并适应了张桂梅的小喇叭。小喇叭不仅加快了她们的生活节奏，更是一种激励和鼓舞，如同出征的队伍，面向硝烟弥漫的战场，小喇叭高奏集结令，引领着勇士们亮剑、杀敌，去攻克一个个学习上的难关和堡垒。

　　有小喇叭的声音相伴，学生们感到心里特别踏实。走进华坪女子高中，从清晨起来，到夜晚入睡，有喇叭在，她们的校长就永远和她们在一起，她们的心是相连的。女孩子们对她们的校长无比感恩：是这个喊喇叭的人，让她们从深山里走了出来，让她们不交学费就能加入攀登大学高峰的队伍，她们还有什么理由不好好学习呢？如果她们再不把学习成绩搞上去，她们真的是没有颜面见校长，更是愧对家乡的父母。

　　张桂梅出差或出去开会了，孩子们一天听不到小喇叭的声音，就像少了点什么。

是的，张桂梅也是这样想，她就是要用这样的方式让学生们知道，自己一直在身边守护着她们，一直和她们在一起。可以说，张桂梅是在用自己的生命呵护着每一个孩子。从建校到现在，十几年来，她不仅每天陪学生自习到深夜，还一直住在学生宿舍。

"我一刻也不能离开学校，老师、学生我都得盯着。"张桂梅说。

好多学生懒散的习惯被张桂梅的雷厉风行改变了，校园如军营，这里燃烧着昂扬向上的青春之火。如果有一天听不到小喇叭的呼喊，学生们会有怅然若失的感觉。

2020年6月末的一天，全校的师生都知道，这一天张桂梅将去昆明参加"云岭楷模"专场发布会。这是一个早就被媒体广泛宣传的盛会，在这次会议上，张桂梅将被授予"云岭楷模"荣誉称号。从华坪到省会昆明有300多公里，汽车要走六七个小时。学校的师生们在想，张桂梅肯定会在昆明住上一晚再回来。

当然，会议的组织者也早就给张桂梅安排了住宿的房间："路这么远，歇一晚上再回华坪吧。"可是张桂梅摇了摇头："我还是离不开我的学生们。"

"那你要是去北京开会呢？"

"那是特殊情况了，没有办法，只要能有一丝办法，我就会回到学生们的身边。"

第二天清晨，当华坪女子高中的学生们还在梦中的时候，张桂梅的小喇叭一如既往地响了起来："姑娘们，起床吧，抓紧时间洗脸、刷牙，快点出来跑步！"

# 14

# 摔了小镜子

张桂梅绝不是那种婆婆妈妈、天天跟在学生后面督促学习的唠叨老师，她是一个优秀的教育家，她研究教学规律和人的成长科学。

实事求是地说，华坪女子高中的学苗，并不可心。正像前文提到的，有些学生的基础相当差，而考大学，是按照全国统一的教学大纲设置的课程来出考试题，没有真功夫很难过关。

但张桂梅并不认为华坪女子高中的孩子就没有希望了。在她看来，教学上不存在"输在起跑线上""三岁定终身"等说法。

张桂梅通过自己多年的教学经验，得到这样的结论：人的大脑一直在发展，一直在变化，大脑有可塑性，可因外界需求而不断改变神经网路连接，"它的神经回路是可以改变的"；而且，人的一生是马拉松，争的是终点，不是起点，要跑到终点才是赢家，成功的人不是赢在起点，而是赢在终点。

"女高的姑娘们，你们赶上了一个好时代，一定不要自卑，要自信，咱们一定会迎头赶上来。大家一定要掌握方法，刻苦用功，别人学一次就会了，咱就学一百次；别人学十次就会了，咱就学一千次。如果真能照这样子去做，就算再笨，也会变得聪明，即使再柔弱的人也会变得坚强起来。"

"张校长，您放心吧，我们会好好学习，珍惜这个来之不易的机会。"

山村里的孩子是朴实的，她们懂得，如果没有这个天天看着甚至是逼着大家学习的"疯婆婆"，她们将失去美好的青春和希望。

理解，就是这样化解着所有的矛盾，激发出无穷的动力。

华坪女子高中是一所寄宿制学校，大家吃住都在学校里。这样一个庞大的集体，如果没有严格的纪律来约束，马上就会成为一盘散沙，所以，张桂梅要求每一个学生都要遵守学校的规定。女孩子们必须剪齐耳短发，因为这样的短发洗起来节约时间，也节约水。吃饭时间被压缩到15分钟，每周放假只有3小时。

严格管理不能停留在嘴上，更要落实在行动上。在这方面，张桂梅做得可能有些过分，但她不后悔。被她批评或者处理的学生当时可能有些想不通，但随着时间的推移，她们都越发感谢张桂梅。她教给学生们的，不仅仅是知识，更是怎样做一个正直向上的人。

有一个高三女生，眼看着高考在即，她在书桌上把书码得高高的，像一个城堡，而她在里面竟然打着瞌睡；醒来后，不找书本，而是掏出一面小镜子，对着镜子照来照去，就是不愿意放下。这个场面被"潜"入教室的张桂梅发现了，她把桌上的书一股脑儿扫到地上，镜子摔碎了。

"离高考还有几天了？你的时间比金子还珍贵，你怎么能这样不争气！"

女孩子哭了。

"哭也没有用，现在你在跑道上开始冲刺了，我连批评你的时间都舍不得，看你有没有出息！"

女孩子把眼角的泪水擦掉了，她在心里恨死了张

桂梅，但这个女孩子没有说任何话，她只是在心里暗暗发狠：哼，咱们走着瞧吧。

有很多人管张桂梅叫"暴君"，她知道，但并不在乎。

哼，你们现在吃的这点苦算什么呀，你们不用面朝黄土背朝天去种地，没有风吹日晒雨淋，只是让你们来学习，还不要你们的学费、书费。要说苦，你们哪一个也没有我吃的苦多。孩子们，吃点苦，不是坏事，你们都是女孩子，你们长大后，有出息了，可能会改变几代人的命运。在华坪女子高中的这三年，我首先就要改变你一个人的命运。你不让改变也不好使！

几年之后，这个女孩子从大学毕业，特意回到学校来看张桂梅。她搂着张校长的肩膀哭着说："要不是当初您摔了我的小镜子，让我死心塌地钻在学习里，我是不会有今天的。我们全家都忘不了您的大恩大德呀！"

还有一个学生，喜欢吃零食，十六七岁的女孩子吃点零食有什么错？但是华坪女子高中的制度就是不允许，吃零食就会影响正常吃饭，再说你一个人吃零食，在教室、在宿舍也影响别人的学习和休息。所以，张桂梅制定的制度中规定，如果发现有人私藏零食，就要作退学处理。制度虽然定了，但这个女生明知故犯，被张桂梅抓了个"现行"。一通批评教育，到了夜深时，女生才认错，保证今后再也不吃零食了，张桂梅这才罢休。

正是严格的管理，让整个华坪女子高中处在一种紧张而上进的气氛里。

在华坪女子高中，学生雷打不动每天5点30分起床晨读，晚上12点20分自习结束才上床睡觉，连吃饭时间都被限定在15分钟。

身兼数职的张桂梅，一有机会就会站在讲台上，她喜欢面对着学生，来传道授业解惑。

每堂课她都会精心设计，比如，先来一段新颖的开场白，有时会朗诵一首美丽的小诗，有时唱支学生爱听的歌谣，有时讲述一个自编的故事……

张桂梅知道，只有孩子们的学习兴趣被调动起来，她们才会把心思放在学习上，从心底产生学习的动力，学习成绩才会很快得到提高。

天道酬勤，张桂梅付出的心血得到了令人欣慰的回报。

2011年夏天，华坪女子高中首届毕业生一炮打

捡了小镜子

响，高考百分之百上线，还有几名学生考上了一本。"和学生入学时的成绩相比，华坪女子高中创造了一个奇迹。"说起往事，学校的一位老师眉开眼笑。

2016年，华坪女子高中完成基础设施建设工作，各项设施逐步完善，学校有了食堂、宿舍，还有了标准的塑胶运动场。学校的教学质量也不断改善，高考成绩综合排名连续多年位居丽江全市第一。

# 15

# 学生宿舍是我家

华坪女子高中是寄宿学校。

其实在此之前，张桂梅在民族中学任教时教的班级，也是寄宿制，学生也是来自各个偏僻的山村角落，只能远离家乡来县城读书。

那是 2003 年，张桂梅接手了一个特殊的班级，说这个班级特殊，主要原因是班里有几个男生，一个个都是淘孩子，旷课、上网吧、打游戏、打架、夜不归宿。学校的老师们，一提起这个班都头疼，恨不得躲得远远的。

张桂梅和校长说："把这个班交给我来带吧。"

中考已经临近了，这个班如果再乱下去，结果必定是全军覆没，初中三年的学习将付之东流。

白天，张桂梅在教室里和学生们"捆"在一起，两个眼睛盯着大家。可是晚上呢？晚上那可是男孩子们的自由时间了，他们还会去网吧、去打游戏的。

这几个男生住在一间宽敞的学生宿舍里，张桂梅心里清楚，这个宿舍就是他们的自由王国，打入校来，这里没有老师来管，他们可以自由地出入。

这天晚上，学生们下了晚自习回到宿舍。这几个大胆的男生，本来是要换件衣服，再出去找个玩乐的地方潇洒一下，可是一进宿舍门，发现他们的班主任张桂梅竟然坐在宿舍门口的一张床上。

"张老师，您这么晚到我们宿舍有什么事吗？"有学生胆怯地问。

"没有事，我从今天起，就住在这儿了？"

"什么？张老师您要住在我们男生宿舍？"

"怎么？不欢迎吗？"

一个女老师住进了男生宿舍，这真是一桩奇闻，可是却实实在在地发生在华坪县的民族中学。张桂梅在男生宿舍一住，打乱了那些淘小子们的计划。

"赶紧给我洗脸、刷牙，然后上床睡觉，我看谁敢从我的眼皮底下偷着跑出去！"张桂梅像一个威武的门神，一下子把整个宿舍的人全镇住了。

晚上，她喊一嗓子："睡觉，睡觉，谁也别说话！"大家就睡觉了。

早晨，她又喊一嗓子："起床，起床，我看谁还睡懒觉！"大家就赶紧起床了，像紧急集合一样。

头两天，男生们觉得有些不适应，毕竟张老师是一个女的，和一帮男生住在一起……可是一段时间下来，男生们竟然都觉得，回到宿舍，有一种回到家里的感觉。就像有一个妈妈和他们在一起，他们身上的那种野性一点点地收敛了，按时睡觉，按时起床，上课的时候，都有了充足的精力。张桂梅不仅仅是看着他们，她更像一个妈妈，无微不至地关心和体贴着他们每一个人：谁的衣服破了，她会给补上；谁在夜里被子掉了，她会悄悄地给掖好……有个妈妈一样的老师在身边，你可以和她诉说心中的烦恼，也可以与她分享学习的收获。

可是，只有张桂梅一个人知道，住在男生宿舍里的那几个月里，她是怎样熬过来的。

你想一想，为了更好地监督这帮男生，每到下午张桂梅就不敢喝水了，为什么？她担心晚上起夜时，男生们会趁机溜出去。你再想一想，这些男生粗重的鼾声、梦话声，还有30多度天气里那臭脚丫子味儿，她怎么能好好地睡上一个囫囵觉呢！

幸运的是，她的这些辛劳没有白费，这个班里，有22名学生的中考成绩在500分以上。这个结果，让全校的师生对这个特殊的班级刮目相看，大家一致称赞，张桂梅为民族中学创造了一个奇迹。

时间到了2008年以后，张桂梅到华坪女子高中当校长，她仍然把自己的"家"安在了学生宿舍。

家，这是一个多么温馨的字眼。家，要有房子，有家具，更重要的是要有亲人。而我们的主人公张桂梅无儿无女，失去了丈夫。有人说她是一个一无所有的可怜人，而张桂梅却把学生都当成自己的孩子，她是一个拥有着数百上千个孩子的母亲，所以，她又是幸福和富有的。

在儿童之家，她和那些孤儿们住在一起；在民族中学，她和那些淘小子们住在一起。

在华坪女子高中，她依然和学生们住在一起。

读到高中的女生，正值青春期，这个年龄段的孩子们产生各种心理和生理的变化，都属正常，但有时，那些处于萌芽时期的不良苗头，如果得不到妥善处理，也会酿成悲剧。这样的例子并不罕见。

一位老师向张桂梅报告说，高一年级的一个女生情绪异常，有精神失控的征兆。张桂梅和老师进一步分析了这个女生的情况后，研究出了一个方法，张桂梅说："今天晚上，我就搬到高一的学生宿舍去住。高一宿舍就是张桂梅的家了，晚上谁有事就去那儿找我吧。"

张桂梅住在女生宿舍，大家并不奇怪，人们早就知道这位"不按套路出牌"的校长一定会做出这种"出格"的事情来。

那个情绪有些异常的女生，对张桂梅的到来本能地产生了一种敌意，她总是想躲着张桂梅，不愿意和张桂梅说话，可是张桂梅是那么轻易被甩掉的吗？张桂梅像母亲一样，亲切地关怀着这个女生的起居，春风化雨般地和她聊着家常。终于，这个女孩子被张桂梅的一片真诚感动了，她抱着张桂梅一通痛哭，向她敞开了心扉，说出了心底的秘密。张桂梅帮助她解开了心里的疙瘩，她又重新焕发了青春的朝气。

一个人的一生有三样东西是无法挽留的：生命、时间和爱。这三样东西，我们每一个人都拥有，但很多人并不珍惜。相当多的人，把金钱看得过重而失去人生的快乐，张桂梅恰恰是最懂得珍惜这三样宝贝的，她的生命和时间都是被爱融合的，都奉献给了自己身边的这些学生。

　　当有人对你说"到我家里看看吧"，你自然会联想到，那个家，有一个院落，或者是一座有多少平方米的豪宅，或者家里藏着什么古玩字画等宝贝……这一切张桂梅都没有。当她跟你说"到我家看看吧"，然后把你领到了一个学生宿舍，你会怎么想呢？了解了她的故事之后，你一定会觉得，张桂梅这样的人，其实才是最富有和最幸福的人，因为她的生命、她的时间，都紧紧地被爱拥抱着。

# 16

# "超人"的顽强

华坪女子高中在张桂梅的精心呵护下，正朝着健康的方向顺利发展着，校容校貌日新月异，学习成绩全面提高。

与此同时，张桂梅的身体却每况愈下。

你一定还记得，1997年的时候，她曾经去昆明做了个大手术，从身体里摘除了一个五斤重的瘤子。她在鬼门关走了一遭又回来了，但是这些年因为长年劳累，各种疾病像潜伏在她身体里的敌人，不时地出来折腾她一下。

她的体重一度从130多斤掉到了只有七八十斤。

张桂梅去医院检查身体，大夫看着她手里的体检报告单，眼睛睁得溜圆，很惊讶地告诉她："你这身

大山女孩的希望之光——张桂梅的故事

104

上的疾病太多了，而且有的很严重，像小脑萎缩、肺纤维化、肺气肿等，你必须要加以重视，坚持吃药是必须的，而且要定期到医院来做检查！"

张桂梅大大咧咧地一笑："你们当医生的就会吓唬病人，我哪有这么多病，还想好好多活几年呢！"

有的医生甚至语重心长地对她说："如果你再不注意治疗，像你这样的身体状况，或许是活不了几年的！"

"几年？你说说！"张桂梅瞅着医生说。

医生伸出了两个手指头。

"哦，二十年呀，活二十年够本儿啦！"张桂梅笑着说。

"不，是两年，如果你再不治疗的话。"

"又吓唬我，我才不怕呢！"

她表面上嘴硬，心里其实就是在硬扛着。

她不想让别人看出她是一个病人，因为她还有那么多的工作需要她亲自去跑、去完成。学校的一位语文老师说，张桂梅身上贴满了止痛的膏药，平时连爬楼梯都十分艰难，可是当她在楼梯处见到学生和老师时，总是硬撑着露出笑脸，就是不表现出她身上的病态。

只有她一个人在宿舍的时候，才会卸下脸上的"伪装"。

"我要坚强地活下去，我必须要坚强地活下去！"

为了治病，她每天都需要大把大把地吃药。

有的药真的是太苦了，她是怕苦，可是为了治病，就得忍着，先把苦药咽下去，然后喝几口水送一下。

很多时候，张桂梅也是孤独的，这种孤独源于她的内心。任何一个人，无论怎么刚强勇敢，都会有心灵脆弱的一面，只不过，张桂梅不会在自己的学生和同事面前露出自己软弱的一面。这么多年来，她失去了一个又一个亲人，受到了一次次疾病的打击。她为了给儿童之家和华坪女子高中筹款，被别人斥骂是"疯子""傻子""骗子"，是乞讨的"丐帮帮主"，她都能忍受。

她也有流泪的时候，她像一个威武的斗士，带着浑身的伤痛，回到属于自己的角落里，默默地舔着身上的伤口，擦去眼角的泪水，握了握拳头，准备着下一次出征。

有亲近的朋友关心她，私下里对她说："现在就你孤单一个人生活，没有个家怎么行？如果当初你能再找一个合适的人嫁了，是不是会有人关照一下。"

张桂梅点了点头："是呀，前些年是有机会的，可是忙着学校的事，把机会错过了。现在还是把心思全都放在咱们女子高中吧。一忙起来，就没有孤单了，也没有工夫体会什么是忧愁了。"

二十年来，张桂梅就是这样全身心地投入到工作中，如果没有了工作，她或许马上就会倒下。

一个人身体上的疼痛，有些时候真的是难以忍受，它带来的不仅是身体某个部位的重创打击，而是对一个人精神的摧残。在疾病严重的时候，张桂梅的身上如同插上无数把钢刀，刺痛和割裂着每一根血管、每一条神经。她的双腿如同灌上了铅，走一步都很艰难。她吃不下饭，睡不好觉，甚至眼睛都睁不开，头顶上像压着一座山。

也有过一些时候，张桂梅在疾病的打击下，真的感觉坚持不住了。"不行了，我真的挺不住了，我不干了，我真的干不动了。"她在心里也曾经这样说过。

可是，每当张桂梅要放弃的时候，她又会想到自己对那些辍学女学生的承诺，想到县里妇代会上代表们为她捐款时的热情鼓励，想到自己在北京参加十七大时对记者描绘的"我有一个梦想"。是的，为了让华坪的女孩子们读上高中，她说过多少次，就算拼上老命，也要做到"能帮一个是一个"！

决不能打退堂鼓，决不能泄气。

坚持一下，再坚持一下。

人的精神力量有多么强大，有时无法用语言来形容。人活在世上，总会遇到各种各样无法逃避的危机和困难，其中也包括身体上的疾病，以什么样的精神状态去克服困难、渡过危机，可能正是折射出我们能力大小之所在。

"没有比人更高的山，没有比脚更长的路"，既有"哀莫大于心死"，也有"天无绝人之路"。

精神、意志、信念……张桂梅以超人般的坚强，一次次地战胜了病魔。

在最困难的时候，她想到了江姐。

江姐是张桂梅最崇拜的偶像，张桂梅最喜欢唱《红梅赞》这首歌颂江姐的主题歌，也最喜欢和学生们讲江姐的故事。

敌人的严刑拷打，老虎凳、辣椒水、竹签扎手，都不能让江姐屈服。宁肯牺牲自己，也决不向敌人投降，这就是一个真正的共产党员的光辉形象。

张桂梅一边吃着药，一边轻声唱着"三九严寒何所惧，一片丹心向阳开"。

她一次次战胜了风霜雪雨，让自己怒放的生命在阳光下发光。

　　尽管张桂梅的疾病日益严重，多次反复，尽管有医生说她的生命可能不会超过两年，但多次与死神擦肩而过的张桂梅总能成为这场搏击的赢家。

　　她没有被疾病打倒，每天早晨，她还会准时操起手里的小喇叭，去喊她的学生们。

　　"感谢每天清晨能够醒来，又能看到新的阳光！"

　　华坪女子高中的每一个学生和每一个老师都明白这样一个朴素的道理：

　　这所学校能有今天，是张桂梅校长用命换来的。

# 17

# "全职太太"风波

　　无论是在社会福利院"儿童之家",还是创办华坪女子高中,最让张桂梅感到掣肘或者说卡脖子的是什么?是经费短缺呀!若不是因为缺钱,她怎么能顶着一个"骗子"的骂名,四处乞讨化缘呢?

　　按这个道理,你一定会想:只要给张桂梅钱,她都会欣然接受,来者不拒。

　　错!张桂梅并不是什么钱都收,如果你不了解这一点,就没有真正了解张桂梅。

　　只说一件事吧。

　　那是 2020 年 10 月,有一个曾经在华坪女子高中就读的学生,毕业后嫁给了一个有钱人。这个女学生没有忘记当年是华坪女子高中让自己能够上学读书、改变命运，于是她回到自己的母校，想去报恩。

女学生把厚厚的一沓钱放在张桂梅面前时，张桂梅当然充满了感谢。两个人热情地聊起天来。

张桂梅问："你现在做什么工作呢？"

女生答："我现在什么也不用做了，家里不用我挣钱。"

"那你现在是……"

"哦，我现在就是一个全职太太。"女生的口气里还夹杂着些许骄傲。

通过这短短的几句话，张桂梅已经知道了，眼前的这个女学生，早已经不再是当年贫困山村里的女孩，而是成了一个"富婆"，她再也不用像父辈那样，每日里辛勤劳动、过着汗流浃背的艰苦日子了。

那个成为"全职太太"的女生变了，而张桂梅依然故我，还是原来的张桂梅。

谁也没有想到，刚才还是满面春风迎接着前来母校看望自己的学生的张桂梅，突然间竟像川剧变脸中的人物一样，脸上换了另一副表情。

她冷冷地把学生捐献的钱推到一边，嘴里说了一句其实并不符合她身份的粗话。她是用一句"你滚出去"这样粗鲁的语言回应了那个女学生的热情。

上述这段情景，看似有些不合常理，是呀，人家好心好意前来母校报恩，你不接受也就罢了，怎么能用这样的态度呢？真的是太冷落了学生的一片好心哪。

这个故事，并非笔者杜撰，而是源于张桂梅的一次采访。这段采访视频一发布出去，迅速成为网络的热搜话题。你知道"热搜"是什么吗？它可以在很短的时间里，让一个事件或者人物成为全国甚至全世界的舆论中心。

视频中，张桂梅也毫不掩饰，她直言直语，十分爽快："是的，就是因为她当了全职太太，我不愿意接受她的捐款。我不希望我们华坪女子高中培养出来的学生去当全职太太，我希望我们学校的每一个学生，都能自食其力，靠自己的双手挣钱、养家，为社会作贡献。"

热搜带来的舆论反应，出现了强烈的反差，有一种声音是坚决反对张桂梅的："你太偏激、太过分了，全职太太怎么了？全职太太也需要尊重和理解！"

一段时间里，支持全职太太的声音此起彼伏。

张桂梅虽然来云南几十年了，但她的骨子里一直有着东北人的倔强，这一点，与她在一起工作的同事也能感觉到。张桂梅在"全职太太"这个话题上表现得如此激动，甚至暴躁，我们应该从张桂梅的经历来分析，辩证地看、全面地看，才会理解张桂梅的一片苦心。

在张桂梅的成长道路上，共产党员的旗帜始终是她成长的方向。小时候，她家的房子倒塌，那个女共产党员干部率领大家前去救援，从那时起，张桂梅在心里就把奉献、拼搏、奋斗写入了自己的人生哲学。

从东北到云南，她把大好时光都投入在了教育上，无论是儿童之家的孩子，还是华坪女子高中的女孩子们，她传递给下一代的榜样，是雷锋，是江姐，是烧炭的张思德，是舍身堵枪眼的黄继光……这些人才是我们学习的榜样，自强不息、勇于向上，靠自己的双手，为人民服务。

张桂梅想到更多的，是做一个怎样的女性。

她走访了太多深山里的农家，看了太多山沟里女孩子的命运，如前文所写的那样，一个女孩子，刚读了几年书，就回家放牛、种地，然后嫁人、生孩子，再一次让命运轮回。

张桂梅是一个有文化、有知识，更有眼光的智者，她虽然不是"超人"，但她看问题有一种超越时间的前瞻性，这些年来，她拼了命所做的这一切，就是为了改变山村女孩子的命运，让她们成为有文化的人，能够真正实现自我价值的人，而不是那种享清福的"全职太太"。

当然，想撼动一些陈旧的传统观念，绝非一日之功。

应该说，张桂梅不是一个完美无缺的人，她对自己的冲动也有过反思。在那个视频采访结束后的一个月里，她拒绝了不断前来约访的媒体，她说自己要冷静思考一段时间。

但是，一个共产党员坚定的信念是不会改变的，那是她的信仰，早已融入血液，可能表达的方式有所不同，但原则不变。

华坪县委宣传部的人，还总会来找她，后面带着前来采访的记者。张桂梅一笑："你怎么又来了？"揶揄的语气没变，这也是她一贯的说话方式，直接、干脆、毫不遮掩。

采访中又提到了华坪女子高中要培养什么样的人，她自己的初心是什么。

很简单，最初是从自己的女学生出发，后来是深山里的女性，能救一个是一个，希望女孩子们在成为一个母亲之前，首先可以读书、高考，实现自我价值。

关于张桂梅反对"全职太太"这件事，华坪县教育局的一位领导，曾经表示非常理解。这位领导也是当年张桂梅办华坪女子高中的一个坚定的反对者，是的，是反对，而不是支持。这些年来，张桂梅用自己的行动，彻底改变了这位领导的看法。

张桂梅对全职太太的那通指责，这位领导的总结比较客观而公正。

他说，从本质上看，张桂梅反对的其实并不是全职太太，而是反对她的学生们去当全职太太。为什么？因为这些学生就像她亲生的一样，如果没有华坪女子高中这所学校，她们小小年纪就已经结婚生子了。说到这里，这位老领导激动地侧着手掌砸了砸桌子——她作为一个母亲，作为一个老师，拼上性命把你捞出来，改变了你的命运，你却又回到了原点。她能不生气吗！

# 18

# 万里家访路

华坪女子高中最初创建的时候，招生是难题，办起来了，留住孩子也是难题。

学校都要和家长沟通，交流情况、互通信息、取得理解。沟通的最好方式，也是全国各地各类学校普遍采用的，就是开家长会。

华坪女子高中，从建校以来，很少或者干脆就没有开过家长会，就是因为这个学校有一个特殊的校长，有一个张桂梅这样的"怪人"。她在与家长沟通方面，有一个法宝，那就是家访。

家访，就是到学生们的家里去，看一看、问一问、听一听，零距离地了解每一个学生的具体情况。

"咱们华坪女子高中的学生们，都是山村贫困家庭的女孩子，她们的父母住得都很远、很偏僻，把家长们折腾到学校来，太给他们添麻烦了，所以，咱们华坪女子高中不开家长会，如果有家长来到城里，我们欢迎他们到学校来参观，来看一看。"

家访的任务，张桂梅并没有落实到华坪女子高中的教师身上，而是一个人主动挑起了这个担子。

家访的时间，也比较固定，就是每年的寒暑假。

放假了，学生们各回各家，老师们也都有自己的安排。而这个时候，最苦的其实就是张桂梅了。

学校放假了，她手里的小喇叭还有手电筒也只能躲在角落里休息了，可是张桂梅却没有休息，她放心不下自己的学生。于是，从建校那一年起，她的每个寒暑假，都在家访中度过。

去有些学生家的路太难走，连车都租不到，只能徒步前往。一个假期甚至两个假期，即便马不停蹄，张桂梅也只能走访完一届学生的家庭。尽管如此，她依然坚持："无论如何，我一定要亲自到每一名学生的家里去看看。"

能坐车就坐车走，车到不了的地方，就步行。有一次，张桂梅从大山深处一个洼地里的学生家出来时，虚弱得已经走不动路了，只好骑了学生的爷爷牵出来的马，才走出泥泞的山路。

云南山路弯弯，但处处风景秀丽，张桂梅的家访之路，也充满着诗和远方。

家访的路上，张桂梅望着满山绿色，禁不住也生发出诗人般的想象和联想。

一边走着，张桂梅还会一边轻轻地朗诵着自己创作的小诗：

　　如果我是一条小溪

　　就要流向沙漠

　　去滋润一片绿洲

　　……

张桂梅带着地图，还带着一本花名册，上面记录着学生的详细地址和联系方式。

每当她走向一个新的村落时，她总有一种期待，这个学生家是什么样子，她都有哪些亲人，学生的父母都在做什么，他们对女儿的前途有什么打算……这一切，张桂梅都想知道。

又到了一个山脚下，司机告诉张桂梅："车上不去了，只能开到这儿了。"

张桂梅四处环顾着，这里真的是太偏僻了，四处皆大山，学生的家在山顶，仅有一条不到半米宽的山路，而路的一边就是万丈悬崖。

"汽车开不了，如果走路的话需要多长时间呢？"

陪着张桂梅家访的还有一个小伙子，他是乡政府的工作人员。"张校长，走路咱走不起，从这儿到您要去的那个山顶，咱们几个人得走三四个小时，天黑也走不到呀。"

"那怎么办？我看这条路上，有摩托车印呀。"

"摩托车能走，不过，那很危险的，您这个身体，我担心……"

"小伙子，不用担心我，你们能骑摩托车，我也不怕。"

小伙子把摩托车骑来了，张桂梅坐在后面，紧紧地搂着小伙子的腰。

在那崎岖蜿蜒的山路上，摩托车吃力地向上爬着。

"当时坐在车上，我都不敢低头，摩托车稍微歪一点，就会跌入悬崖粉身碎骨。"张桂梅每次回想起当时的情景，仍然心有余悸。

家访的过程中，张桂梅看到了农民最真实的生活状态，她的每一次深山造访，都要求家长不要提前做

大山女孩的希望之光——张桂梅的故事

任何准备，她要看到一种完全原生态的自然展现。农民们的衣食住行、婚丧嫁娶，以及氤氲在山村深处的传统习俗、礼仪乡规等，都会给张桂梅带来新鲜的感觉，而他们的生活贫困，也会令这位校长不禁思索。

一次家访途中的偶遇，更是让她痛心不已。

一个十三四岁的女孩，呆坐在路边，满眼惆怅地望着远方。张桂梅上前询问，女孩哇的一声就哭了。"我要读书，我不想嫁人。"女孩一直哭喊着。原来，女孩的父母为了三万元彩礼，要她辍学嫁人。

张桂梅气冲冲地来到女孩家，对她的母亲说："孩子我带走，上学的费用我来出。"可女孩的母亲以死相逼，张桂梅实在拗不过，只能放弃。

张桂梅在读社会这本大书，这些都是真实生活的写照。有些学生居住的深山沟，连村镇的干部，每年都很少问及过几回，而张桂梅作为城里一所高中的校长，却一下子迈进了她们的家门。家访的时候，她会问家有多少人、有多少亩地、有多少花椒、是否挂果了。掀开锅盖看看锅里煮的是什么，去摸摸床上的被子，就知道家境如何了。

通过家访，张桂梅更加认识到，要改变农村的落后面貌，最重要的就是抓好教育。

是的，最近这些年，党中央将精准扶贫作为一项重要举措，举全国之力，以"一个都不能少"的决心，迅速改变了农村落后的面貌。

张桂梅的所作所为，就是为脱贫攻坚、改变乡村旧貌涂抹了辉煌浓重的一笔。

后来，有人统计过，从创办华坪女子高中开始，这样的家访，张桂梅已坚持了12年。

12年来，她的家访覆盖学生1500多名，行程11万多公里，甚至比当年红军长征的路还要长。是的，张桂梅走的就是一条长征路，她是宣传队，是播种机。她一路上传播着先进文化，播撒着知识的种子，也收获着人生的快乐与幸福。

万里家访路，一颗赤诚心。在那漫长而崎岖的山路上，十几年里，张桂梅摔断过肋骨，迷过路，发过高烧，还曾旧病复发晕倒在路上……可是她没有倒下，渴了，喝一口白开水，饿了，啃一口干粮，困了，就趴在路旁的树下眯一会儿。

看着一路上野蜂在飞舞，小鸟儿在歌唱，天上白云悠悠，河水波光粼粼，张桂梅感觉自己的人生是幸福的。

也正是因为这一次次的家访，更加坚定了张桂梅将华坪女子高中继续发展下去的信念。

　　诚然，人们都不会希望山里的孩子因为没能接受教育而在十几岁的年纪就结婚生子，然后将缺失文化带来的无知和贫困又一代代传下去。但是，别人做到的，只是想想，而张桂梅是身体力行，为了改变现状，她奉献着自己的全部生命。

# 19

# 反思，让信念更坚定

走过无数偏僻山村、家访过无数个贫困家庭的张桂梅，最有资格来讨论农村、农业和农民问题。

改革开放以来，国家采取了一系列有效措施，谱写了让历史惊艳的辉煌乐章，中国广大农村发生了巨大的变化。广袤田垄，旧貌换新颜；脱贫致富，全力奔小康。

张桂梅不会从理论上的高度来为自己创建华坪女子高中作一个完美的解释，但她朴素的行为，恰恰为中国贫困乡村脱胎换骨树立了一面迎风飘扬的旗帜。

2021年2月25日上午，全国脱贫攻坚总结表彰大会在北京人民大会堂隆重举行。张桂梅从华坪来到北京参加会议，她因病无法行走，只能坐在轮椅上被

大山女孩的希望之光——张桂梅的故事

推上人民大会堂的主席台。中共中央总书记、国家主席、中央军委主席习近平向获得"全国脱贫攻坚楷模"荣誉称号的张桂梅颁授奖章、证书、奖牌。那一刻，全场响起了热烈的掌声。作为脱贫攻坚的全国典型，张桂梅这面旗帜，让我们有了更多的思考。

张桂梅全身心投入的所有事情，我们可以从两个方面来概括。

一是偏僻农村的教育。改革开放以来，我国的教育有了突飞猛进的发展，成果令世人瞩目，但教育发展不平衡，在农村，特别是像华坪这样的偏僻地区尤为突出。

二是女孩子的教育。女孩子上学这件事，在城市里，几乎没有任何障碍，女孩子无论读中学、读大学，还是读研究生，都会得到家长的认同和支持；但是在偏远的农村山区，女孩子的教育还存在相当多的困难，仍有许多对女孩子受教育的偏见。

是贫穷限制了偏僻山村，特别是女孩子的教育。

但又不仅仅是贫穷。

张桂梅在家访的路上，还看到过这样的情景——

深山里头，一些人的家里只有四面黄墙。政府给的低保不知道怎么花，家里的男人们就拿去买酒喝，房子边上的酒瓶垒得比屋檐还高，白日里口齿不清、醉醺醺，连一句完整话都说不出来。可是，面对如此酒徒，女人们也没有任何办法，只能烧点苞谷，烧点洋芋，混着发霉的米饭，一顿顿吃下去，日复一日，年复一年，祖祖辈辈没有尽头。

一个小姑娘的父母去了四川的一个城市打工，很多年不回来，她就和爷爷住，七十多岁的爷爷还做着石匠的工作，家里破败，一贫如洗。小姑娘要高考了，叔叔打电话让父母回来一趟，小姑娘害羞地揪着母亲的衣角，笑得十分开心，但是母亲神情僵硬，不知道该怎么和多年未见的女儿相处。张桂梅虽然没有当过母亲，但她知道，母女间的关系不应该是这样的。

看到这一个个活生生的例子，张桂梅坚信自己的看法，如果读了书，这个女孩就可以不用重复母亲的命运：早早嫁人，生养一个女儿，却不懂得如何去爱护她、去教育她。

所以，早在十多年前，张桂梅就开始提出自己的建议：办一所专门面向偏僻山区农村女孩子的高中。

那时候，张桂梅已经得了多项省市甚至全国的荣誉了，她在县里说话还是有一定分量的。可是，你能想到她办女子高中那个提案，在县委组织的论证会上得到的是什么结果吗？

几乎所有专家都投了反对票：什么年代了，还把男女分开？

这件事，如果换成你，你会怎么做？

办学校本来就是国家应该考虑的事情，你张桂梅已经吃喝不愁，工资有保障，荣誉等身，干吗非要自讨苦吃呢？

是的，张桂梅何尝没有这样反思过？

第一次去给儿童之家筹钱，她下不了车，也张不了口，满大街转悠。晚上，她住在省总工会花钱开的宾馆里，翻来覆去睡不着，要不着钱，干赔住宿钱和吃饭钱，自己在干些什么啊，我生命的意义在哪里？天亮了，她继续坐车，看到一个楼梯上铺着红地毯的房子，楼梯上都能铺地毯，她猜想这样的地方一定有钱。于是，她推门进去了。巧了，对方一看，您不是张桂梅老师吗？哪阵风把您给吹来啦？三个月前我听过您的报告。

张桂梅想起来了，三个月前她刚被评为"全国十大女杰"，学习的标语还没有撤下。本来是一位让人景仰的先进人物，一转眼就变成"乞丐"了，张桂梅觉得脸上真的有些挂不住，也曾想过有个地洞钻进去算了，但她又一想，自己干啥来啦，于是说明来意后，对方对这位"十大女杰"果然很慷慨，批了一个五千元的条子，说给孤儿院吧。据说后来张桂梅办华坪女子高中，又"旧戏重演"，可人家这次婉言相拒："办女子学校？"人家摇了摇头，脸上一副"地主家也没有余粮了"的表情。后来，张桂梅不去各单位找难堪了，就在街上要，她拉着人问，你能不能给我点钱，我有个孤儿院，我还想办个学校。人家说，好手好脚不干活，戴个眼镜出来骗人。

张桂梅的所有清高都被一个个不屑的眼神赶跑了，留给她的只有难堪。

在张桂梅成为中宣部表彰的"时代楷模"之后，她的故事被做成专题节目在电视上播出了。成千上万的观众留言："我是流着泪看完了节目，在这个物欲横流的年代，张校长像一枚闪亮的金子，直照人心！""正是有了像张校长这样甘于献身、一心为公、无私奉献的人散发着光和热，才能驱走世间的冰冷……"

谁会想到，在这辉煌的荣誉和美丽的光环背后，她曾经受过多少委屈，吃了多少苦头啊。

是什么支撑着张桂梅一路走来？张桂梅说过：

"有人说我爱岗敬业，有人说我疯了，也有人说我是为了荣誉。有人不理解，一个人浑身是病，却比正常人还肯吃苦。支撑着我的，是共产党员的初心和使命，让我直面这片热土时，无愧于心。"

有人说，张桂梅除了一副瘦弱的身躯是自己的以外，她没有孩子，没有亲人，没有家。她却笑着说："不，我是一名共产党员，我有一颗火热的心，这颗心里面有党，有国家，有人民，有学校，有千千万万的孩子……我什么都有！"

# 20

# 尊严无价

华坪女子高中因为张桂梅而迅速扬名，一些年轻的大学生找到张桂梅："我去学校当志愿者好吗？"

张桂梅笑脸相迎："当然，欢迎欢迎！不过，到这儿来，首先要做好吃苦的心理准备。"

有些人真的吃不了这里的苦，来了没几天，想留也留不住了。

能留下来，也不一定就能留得住，有个志愿者就差点被张桂梅赶跑。

事情其实不大，这个志愿者教书没得挑，可是她爱美，每天都要给自己脸上贴面膜。贴面膜为自己美容，这本来也无可厚非，爱美之心谁没有呢？

可是有一天，张桂梅在学生宿舍看到一个女生的脸上出现了好多小红疙瘩，就关心地问："你怎么了？"

"可能是过敏了。"

"怎么会过敏呢？是不是吃错了什么东西？"张桂梅凑到女生的脸前细看。

"不是。"

"那是怎么回事？"

在张桂梅的追问下，女生说出了真相：她脸上的这些小疙瘩，是因为贴面膜过敏的。

"把你的面膜拿出来，让我看看。"

于是，女生就从一个小箱子里掏出了几片面膜。

"哪儿买的？"

"街上的地摊。"

"多少钱一个？"

"三元。"

"怎么想起来要贴面膜呢？"

女生说出了实情，原来是看见来学校那个志愿者每天都贴面膜，班里的同学就开始效仿，贵的面膜买不起，就在地摊上买这种廉价的面膜，晚上睡觉前往脸上贴。班里的同学脸上出现这种过敏反应的不止她一个。

了解情况后，张桂梅找到那位志愿者："你这些天给学生们讲课很辛苦，应该表扬你。不过，有一件事，我要批评你，如果你不能改正的话，恐怕不能在这儿继续当志愿者了。"

"张校长，什么事这么严重，难道我做错什么了吗？"

张桂梅说了面膜的事。"咱们是老师，一举一动，都会影响这里的学生，你贴面膜，在自己家里可以，那是你的自由，可是在咱们华坪女子高中，就是不允许的。"

志愿者知道自己错了，表示一定要改正。

有人来到学校找到张桂梅："张校长，您的事迹让我太受感动了。我现在有一个小企业，经营得还不错，我想拿出些资金捐给女高，支持一下咱们的学校。"

张桂梅握着这位捐款人的手说："感谢，感谢您了！"

接下来，捐款者又提了一个条件。

"张校长，您能把学生的家庭地址和贫困情况的照片，还有一些具体的数据都提供给我吗？"

"这个……"张桂梅把握着的手松开了，"您要捐助学生，我们欢迎、感谢，可是对不起，学生的个人信息，我们不可能给您。"

"为什么呢？"

"您知道，任何一个人都有自己的隐私和尊严，特别是这些来自贫困家庭的女孩子。我们学校自成立以来，对她们的个人信息从来都是严格保密的。"

张桂梅又重复强调了一句："维护学生自尊，保护她们的隐私，这是我们学校的一贯态度，也请您理解。"

捐助者听了张桂梅的一番话，深受感动。

"我理解，我理解，我会按照学校的规定去做。"

张桂梅也经常对毕业生说："走出这里，就忘了女高和我吧。"

如今华坪女子高中毕业生遍布全国，她们把艰苦朴素、发愤图强、坚韧不拔、感恩回报的精神带出了大山，又带回到山里。

很多从华坪女子高中毕业的学生，都不会忘记这位叫张桂梅的老师教给她们的不仅仅是知识，更多的是怎样做人。她们在华坪女子高中找到了人生的尊严，这尊严是无价的。

"张老师，我们要去西藏当兵了。"2020年9月，张桂梅接到两名学生的电话。原来，在大连读书的冉梦茹和在桂林读书的刘敏约好了，要去西藏当兵。

"海拔那么高，你们怎么受得了？"张桂梅问。

"不是您鼓励我们去艰苦的地方吗？"学生笑嘻嘻地回答，"放心吧，我们不会当逃兵，不给您丢脸。"

几个月过去了，两名学生已经正式入伍参加集训，张桂梅还时常念叨着她们。"我一直教育姑娘们要报效祖国，可真去这么艰苦的地方，我又心疼得不得了。"她说。

"张老师真正做到了教书育人，她用自己的一言一行教会了学生坚韧、感恩、奉献。"时任华坪县教育局副局长的杨文华这样说道。华坪女子高中的学生出去后都像张桂梅一样，能吃苦、肯奉献，很多学生毕业后都去了艰苦地区。

周云丽是华坪女子高中的第一届学生，大学毕业后，她又回到了母校，成为一名数学老师。

"没有女高，就没有现在的我。"周云丽说。母亲在她很小的时候就去世了，家里靠残疾的父亲和年迈的奶奶种地卖粮，供她和姐姐读书。"当我听说有位好心的老师建了一所免费高中时，我就像抓住了救命稻草。"

2015年7月，周云丽大学毕业。当时，她已经考上了邻县一所中学的教师岗位，但听说华坪女高缺老师，她毫不犹豫放弃了正式编制，回到母校担任代课老师，直到一年后才考试转正。

"这都是张老师教育我们的，自己强大了，也要记得去帮助别人。"周云丽笑着说。

每年的毕业季，是张桂梅最高兴的时候，经常有学生打电话、发短信给她报喜。她经常骄傲地向别人夸赞，哪个学生去搞研究了，哪个学生去新疆支教了，然后露出老母亲般的欣慰笑容。

平日里，张桂梅喜欢看学生在课间操时排成方阵唱红歌、跳红舞，嘴里还经常念叨："姑娘们长得多好啊，一个个吃得白白胖胖的，等她们考上大学就得减肥了。"

每天上午课间，歌剧《江姐》的经典选段《红梅赞》都会在校园里准时响起，这是张桂梅最爱的歌曲。学生们齐声高唱，她偶尔也会哼上几句。


红岩上红梅开

千里冰霜脚下踩

三九严寒何所惧

一片丹心向阳开

向阳开……


这是她的信仰，是她的尊严，也是她的一生。

"尊严"，这个看似抽象的名词，张桂梅用自己的生命解读着它，它像火一样滚烫，像太阳一样明亮。

# 21

# 信仰的力量


　　许多慕名来华坪女子高中考察、学习的人都有这样一个疑问：女高的学生文化基础很差，教师普遍年轻，为什么能成功？

　　张桂梅的回答很简单："靠坚持！靠信仰！我们长期开展红色信仰教育，发挥党员的先锋模范作用，大家都拧成一股绳。"

　　如果你在华坪女子高中和学生们一起生活几天，你也会被这里昂扬着浓浓正气的校风深深感染。

　　每天9点40分的课间操，全体学生跳舞蹈《南泥湾》，唱红歌《红梅赞》。

　　下午下课时学生在教室唱红歌，每个周末组织学生看一场爱国主义教育电影……

"我们能吃苦，靠苦出来的！为什么能吃苦，因为我们有信仰，我们相信信仰的力量！"张桂梅说这话的时候，眼睛里闪烁着坚定的光芒。

华坪女子高中实行半军事化管理，学生们清晨5点半起床，晚上12点20分休息，每周只有周日休息3个小时，把学生的学习时间用到极致，学校的空间也用到极致。走在学校的走廊，你会看见墙上除红色教育宣传画外，都密密麻麻写满了公式、定律。

老师们周末固定上课，毕业班老师每晚守到学生休息——而老师们没有加班工资。

这一切，张桂梅解释说："我们靠的就是信仰的力量。"

华坪女子高中的红色教育真能激励人吗？严格的管理，学生受得了吗？老师长期加班没有怨言吗？很多人听了后，都是将信将疑。

"唱红歌当然能激励我们，刚入学时有些不适应，后来就感觉到很能振奋精神。和英雄模范相比，学校里的这点苦不算什么。"如果你到学校去询问一些老师或者同学，他们都会这样告诉你，"是的，最初是有些不习惯，觉得张校长太严厉了，太没有人情味了，可是，很快我们就习惯了这种快节奏的学习生活。"

"每晚11点半下了晚自习，毕业班学生回宿舍楼后都必须在走廊上做作业至深夜零点，高一、高二的许多学生也自发在宿舍走廊上做作业。这样的学习风气在其他一些学校里可能行不通，但在我们华坪女高，大家都这样做。我们互相感染，互相激励，所以学校才能有快速的发展和进步。"几位已经从华坪女子高中毕业的大学生回忆起当年的情景，非常动情地述说道。

"红色教育为什么有效果？"好多记者都提出了同一个问题。

"红色教育，从根本上说，就是信仰的教育，因为张桂梅老师为我们树立了榜样，她吃的苦最多，捐的款最多，付出的心血最多。与她相比，我们义务加点班不算什么。她说的话有号召力，所以大家都愿意听。"在华坪女高坚守12年的教师张红琼说出了很多老师的心里话。

有了坚定的信仰，就有了人生的目标和方向，就不会为一己之私而绞尽脑汁。张桂梅是一个真正有大爱的人，她没有私产，可她却拥有常人无法获得的快乐。

不是吗？从2001年起，张桂梅一直是华坪县儿童之家的院长，先后有将近200名孤儿在儿童之家成长。在她心中，华坪女子高中和儿童之家都是她的家，孤儿们和1800多名女高学生，都是她的孩子。每天下午6点半，张桂梅都乘电动车来儿童之家看望孩子们，一到门口，孩子们都跑出来喊："老妈！老妈！"

　　然后孩子们会紧紧地把张桂梅围在中间，大家亲热地搀扶她下车，牵着她的双手，一家人说说笑笑地走进家门。她那满是皱纹的脸上，洋溢着幸福的笑容。

　　张桂梅心里真的感觉到自己是世界上最幸福的人。

　　这种幸福是难以用言语表达的。她的付出究竟有多少，连她自己都不知道。直到她成为中宣部表彰的时代楷模后，华坪县里的有关部门才认真地将张桂梅20多年来的牺牲与付出，作了一个量化的总结。

　　20年来，张桂梅把自己得到的全部奖金、捐款和大部分工资累计150多万元，都用来帮助华坪女子高中贫困学生和儿童之家的孩子们，用来弥补华坪女子高中办学经费的不足。她退休后继续当校长，只有4000多元工资，可她每月医药费就需要上万元。全国总工会每年给她5万元治病，可她把这5万元都用于家访。她开心地告诉记者："我评了教书育人楷模，有10万元奖金，我准备全部作为老师们节假日的加班补贴，不能让老师们总是尽义务啊。"

张桂梅长期身患多种疾病，也有细心的医生给她统计过，从心脏病、肺气肿，到肿瘤、小脑萎缩，大大小小共23种严重疾病。这些年来，她多次被送往医院抢救，如今她的手上和脚上都贴满了止痛膏药，她还时常咳出血丝，在校园里走路都很艰难，只能乘电动车。

12年来，只要还有一口气，她就坚守在自己的工作岗位上，从来不在疾病面前退缩。

为了确保每个学生的安全，她每天对校园每个角落巡查5遍。曾有记者跟随张桂梅巡查，看着她握着手电筒照明，颤巍巍地扶着栏杆上下楼梯，查看每个房间时，她都要拔掉插座上的所有插头；同学们快下晚自习时，她把楼梯间的每一盏灯都打开："孩子们上下楼跑得快，忘了开灯不安全。"她已经习惯了这样的生活方式。

张桂梅对学生看似严厉，但她身上始终散发着一种温馨的母爱。

下午5点半，张桂梅到学生食堂等候刚下课的学生，她用手机和小广播播放红色歌曲，然后走到打饭窗口看学生打饭，招呼同学们排好队。"我在看食堂打菜是不是打少了。"

　　23点30分，她又来到学生宿舍门口迎接下课的学生，查看毕业班学生在宿舍走廊的自习情况。深夜1点，她才进宿舍休息。

　　在茫茫滇西深度贫困山区，半生坎坷半生奉献的张桂梅，用瘦弱的身体扛起1800多名大山女孩的人生希望。能够抗衡时间、改写命运的，唯有执着的信念。

　　有些人的光芒，是燃烧自己照亮别人。张桂梅燃烧的是自己的生命，是能够活下来的全部希望，是源自信仰的力量。

# 22

# 点亮希望之光

　　2008年，在重病缠身的张桂梅的奔走呼号下，在各级党委政府的关心帮助下，全国第一所免费女子高中——华坪女子高中成立。

　　十年一晃而过，在2018年的高考前夕，张桂梅在学校里晕倒了。可谁也没有想到，她醒来后，看见县里的领导来看望自己，用微弱的口气对领导说："我想和您说一句话。"

　　"有什么话，张校长，您尽管说。"领导握着张桂梅的手。

　　"您得答应我，一定要帮我这个忙。"

　　"答应，答应，我们一定帮忙，您说吧，有什么事？"县领导嘴里说着，实在弄不懂这个张校长又会提出什么新的问题来。

是啊，张桂梅会说什么呢？陪在一旁的老师们谁也猜不出来，她们看着自己心爱的校长："说吧，张校长，您就快说吧，我们也想听一听。"

谁也没有想到，张桂梅说的请领导帮忙的事情，竟然是这样的：

"我觉得我可能活不了几天了，我有一个想法，能不能先把我的丧葬费预支给我，等我走了以后就火化扔金沙江里吧。这些钱都用在孩子们的身上，我才放心。"

县领导和所有在场的老师们，都流出了眼泪，这就是她向领导提出的要求，这就是她时刻牵挂着的大事。对于无儿无女、没有房产、孑然一身的张桂梅来说，华坪女子高中的孩子们就是她的一切。是的，每当有重病的时候，她总会说："我可能活不了几年了，不过，在我活着的时候，我一定要看她们走出去。"

为什么要让山村的贫困家庭的孩子走出去？为什么要办免费的女子高中？

这些问题已经有无数人无数次地问过了。

她会想起20多年前，她在民族中学当班主任时，班里一个女生的座位空了。

这个女生怎么不来上学？

有同学回答，这个女生家里穷，上山采果卖钱从树上掉下来摔死了。一个活生生的生命，一个总是面带着微笑出现在大家面前的女孩子，她的年纪那么小，就要承担沉重的家庭负担。

那一刻，张桂梅在自责："我是班主任，我没有留下她，我是有罪过的呀。"

班里后来又有因家庭贫困而辍学的女生，张桂梅再也不会坐视不管了，她不惜一走就是四五个小时，沿着那曲折的山路，去敲开一扇扇学生家的门。

其中有一个同学，张桂梅去她家两次，脚都走肿了，终于说服了她的父母，让她回校继续上学。当年她没考上高中，张桂梅就鼓励她复读，让她在儿童之家生活学习。第二年这个女生终于考上了县一中，后来考上了大学。

上面说的两个女生的故事，给张桂梅触动很大。一个是没有拦住辍学而过早离世，一个是自己下了一番辛苦，便从此成才。这两个人物的故事，也给了张桂梅很大的启迪。

在后来的很多场合里，张桂梅都在举上面的这两个典型例子，她说："我一个一个地去找辍学的孩子，我能找回来几个？尤其很多农村贫困家庭的女孩，因难以承受高中经济负担而放弃上高中的机会。所以，我就想，能不能有一所免费女子高中，让贫困山区的女孩子们读高中、考大学，阻断山区农村的代际贫困？"

这就是张桂梅当年呼吁创办免费女子高中的初衷，是一个她难以割舍的梦想，也是她建校12年来苦苦坚守的信念。

张桂梅的这个初衷、梦想和信念，虽然最初并没有得到相关部门的理解，但是却给无数个贫困的山村乡民点燃了希望之火。他们从张桂梅的学校里，看到了一缕温馨的曙光。

那一次，张桂梅来到深山村寨一位成绩下降的傈僳族学生家中家访，这个女孩是全村第一个高中生。乡村女孩能读到高中，已经是很了不起的一件事情了。

入学那天，全村人为这个高中女生送行，场面十分感人。

学生的爷爷对张桂梅说："我孙女，已经能上高中了，真是托张校长您的福啊。如果我孙女能上大学，我自己就是死了也安心。我老了，但是知道文化的重要，没有文化的女孩子，教不出有出息的孩子，这点道理，我们虽然在大山里，也懂。"

张桂梅握着老人的手说："您放心，我一定让您的孙女成为村里的第一个大学生。"

老人把家里最好吃的东西都拿出来送给张桂梅，听说张桂梅身体不好，就杀了老母鸡给她炖汤。村里的人是善良而纯朴的，他们知恩图报。在华坪女子高中那一千多个家庭里，张桂梅就是帮他们的家族改变命运的救星。

"有了你，我们贫困山村的女孩才有了靠山。"乡亲们这样说。

这时候，张桂梅会告诉大家："共产党和我们的政府，才是我们的靠山，咱华坪的老百姓也是我的靠山。请大家放心，咱们的学校会越办越大，越办越好！"她又拉起那位学生的爷爷的手，"您的孙女，从今天开始，就是我的女儿了，我会让这个女儿成才的。"

张桂梅的话实现了，如今这个女孩已经大学毕业，在她的激励和影响下，这个村里已经陆续走出了好几位大学生。

张桂梅曾说："如果说我有追求，那就是我的事业；如果说我有期盼，那就是我的学生；如果说我有动力，那就是党和人民。"

> 我生来就是高山而非溪流
>
> 我欲于群峰之巅俯视平庸的沟壑
>
> 我生来就是人杰而非草芥
>
> 我站在伟人之肩藐视卑微的懦夫！

这几句诗同样出自张桂梅。

"春蚕到死丝方尽，蜡炬成灰泪始干。"张桂梅
就是一支蜡烛，照亮了别人，燃烧了自己，用自己的
生命，点亮了大山女孩的希望之光！

# 后　记

　　2020年12月11日，中共中央宣传部授予张桂梅"时代楷模"称号。当天晚上，我坐在电视机前，一边看着现场直播，一边感动得流泪。我的心灵被这位与我同龄的校长深深触动了。

　　张桂梅是东北人，17岁从黑龙江来到云南，现任云南省丽江市华坪县女子高级中学党支部书记、校长，华坪县儿童福利院院长。她扎根边疆教育一线40余年，用教育阻断贫困代际传递。她的故事充满了传奇，她献身山村教育的义举，更带有强烈的时代特色。两年前，我曾写过另一位"时代楷模"，河南省镇平县黑虎庙小学的校长张玉滚。两位张校长都是献身山村教育的先进典型。张玉滚是"80后"的一面鲜艳的旗帜，而张桂梅则是绽开在深山里的一朵怒放的红梅。

　　动笔前，在海豚出版社编辑的热情帮助下，我开始收集有关张桂梅的资料。

我从网上下载了各种资料，还网购了云南省委组织部编写的《我有一个梦想》等书籍。我一直徜徉在张桂梅的精神世界里，去寻找她成长的足迹，去捕捉一个"时代楷模"的光芒。我试图以青少年读者朋友们熟悉的语言，向你们讲述一位老奶奶的故事，这位老奶奶，是老师，也是校长，但和你们平时见到的老师、校长都不一样。你们读了这本书，或许能感悟到一些道理：一个人要做成一件事，就应该这样执着。一个人应该有自己的理想和信仰。一个人不能光想着自己，要把爱奉献给别人，而这些无私奉献的人，才应该是我们崇拜的偶像。

如果我们的读者能有以上的读后感，作为作者，我会感到欣慰的。

书稿创作进行到 2021 年 2 月 25 日上午，我在家中看中央电视台现场直播全国脱贫攻坚表彰大会。当我看到张桂梅在庄严的人民大会堂被用轮椅推上主席台的时候，我的泪水再也忍不住了。电视很清晰，我的视线却很模糊，但我能看到张桂梅的脸比几个月前更消瘦了。当我看到习近平总书记亲自把"全国脱贫攻坚楷模"荣誉奖章颁发给张桂梅时，我看到了张桂梅那刚毅而又热情的目光。我在心里深深祝愿张桂梅的身体早日康复，愿她用自己怒放的生命，去继续照亮那片青春绚丽的华坪女子高中的每一扇窗。

我一直有一个想法：想亲身去一次云南的华坪，采访一下这位让我深受感动的"时代楷模"，而且我已经查了航班和高铁的信息。可是从去年到现在，因新冠病毒仍在肆虐，未能成行。这个愿望，我想有一天会实现的。

张桂梅的故事很多很多，本书只讲了二十几个，因时间及能力关系，不足之处，诚望得到读者的批评指正。

董恒波

2021 年 2 月

# "我对楷模有话说"主题征文活动

亲爱的同学，阅读完这本"时代楷模"的故事，你是不是有些感动，心里是不是有很多话想向时代楷模说？

你可以将你的所思所想所感写下来，发给我们。你对楷模说的话，可能会亲自送到楷模手中，你会收到楷模的回信；你还可能受邀与楷模见面交流哦！优秀的作品，我们还会专门结集成册出版。

参加"我对楷模有话说"主题征文活动，请阅读以下详情：

## 一、参与方式：

1. 活动本着"自愿参加"的原则，不收取任何费用。

2. 活动面向全国四年级（含四年级）以上在校小学生，可个人参加，也可以学校、区、市、省为单位统一组织参加。

3. 征文活动的通知、作品提交、获奖名单公布等相关信息动态均在主办方海豚出版社的官网及微信公众号上发布。

4. 所有征文作品一经提交，即视为作者同意主办方对作品有编辑、修改、出版、发行等权利。优秀作品将在相关网站或平台上推送，或选编出版。

## 二、征文征集时间：

本征文活动长期有效，每年评选一批优质作品。活动截稿时间为每年 12 月 31 日，评选结果将于次年 3 月发布。

三、征文要求：

1. 题目自拟，紧扣主题，思想、态度积极向上。

2. 角度新颖，语句通顺，内容贴近生活，表达真情实感。

3. 体裁不限，记叙文、日记、书信、读后感、诗歌、童话等皆可。

4. 字数要求：四、五、六年级组字数分别不少于 400 字、500 字和 600 字。

5. 内容必须为原创，不得抄袭，一经发现即取消参评资格。

6. 文后请附："省 + 市 + 区县 + 学校 + 年级 + 姓名"及联系方式。

例：江苏省 ** 市 ** 区 ** 学校四年级一班 孙苗苗

联系方式：电子邮箱、手机号

7. 征文以电子版 word 文档的形式发到邮箱 sdkmzhengwen@dolphinbooks.cn，邮件主题写明"学校 + 年级 + 姓名"。

四、优秀征文评选办法：

1. 征文评比按不同年级分组别进行，主办方组织评选委员会进行评选，分年级组评选出一、二、三等奖及优秀奖。获奖参考比例：一等奖为 1%，二等奖为 3%，三等奖为 5%，优秀奖为 8%。

获奖学生除获得由主办方颁发的荣誉证书外，还将获得以下奖励：一等奖，价值 1000 元的奖品；二等奖，价值 500 元的奖品；三等奖，价值 200 元的奖品。

2. 以学校、区市省为单位统一组织参加主题征文活动的学校和单位，根据具体情况评选优秀组织奖，颁发"学习楷模先进单位"荣誉证书。

（本活动最终解释权归海豚出版社所有）